노인과 로샤 반응

노인과 로샤 반응

김 옥 희 著

한국학술정보(주)

서 문

나이가 들어간다는 것은 서글프다.
왜냐면 마음처럼 모든 것이 따라주지 않기에
나이가 들어간다는 것은 행복하다.
왜냐면 주변을 아우를 수 있는 지혜가 있기에
그래서 행복한 노년을 맞이하고자 준비하는 것이 필요하리라.

어느 날 심리검사 시간에 마음을 몽땅 빼앗겨 버렸다.
그림 10장에 유아에서 치매노인에 이르기까지 인지·정의적 특성을
알아낼 수 있다는 말에 정신없이 검사를 하면서 심리검사를
가르치신 교수님을 귀찮게 해드렸다.
그러나 다른 교수님들은 교육학을 전공하는 사람이 감히
로샤테스트를 건드린다며 엄청 핍박을 하셨다.
그래도 굽히지 않는 노력으로 결실을 맺을 수 있어 행복했고
그 속에 못 다한 꿈들을 감추어 두었다.
까마득하게 잊혀진 열정을 다시 보게 되리라곤 생각도 못했는데
다듬어서 책을 내다니 감회가 새롭다.
그리고 다시금 꿈을 되세기며 노인을 위한 일들을 펼치리라
다짐도 해 본다.
도와주신 한국학술정보 사장님과 관계자 여러분께
감사의 말을 전해드립니다.

목 차

표 차례

Ⅰ. 서 론

A. 연구의 필요성

사람은 태어나서 성장하고 성숙한 후 쇠퇴하여 죽음에 이르는 발달과정을 거치게 된다. 노인을 규정하는 정확한 기준은 없지만 과학과 의학의 발달로 평균 수명이 늘어나면서, 노인 인구가 차지하는 비율이 커지고 있다. 1994년 미국과 유럽의 많은 나라들이 이미 고령사회로 접어들었으며, 우리나라도 2000년에는 노인 비율이 7.1%에 달하는 고령화 사회를 예측하고 있다(통계청, 1997: 동아일보사, 1998).

평균 수명이 연장된 노인들은 생리적 변화와 더불어 심리사회적인 문제에 직면하게 된다. 이러한 노인문제는 복잡하고 다양한 성격을 띠고 있어, 개인차원을 넘어 사회문제로 다루어져야 할 시점이 되었다. 이에 심각성을 깨닫고 우리나라에서도 1970년 초부터 노인문제에 관심을 갖고 연구하기 시작하였다.

노인 문제에 관한 연구들은 노인복지, 노인의 취업, 노인의 질병과 부양 등과 같은 가정관리학, 간호학, 사회복지학 분야에서 많이 다루어져 왔다. 그러나 노인의 심리, 노년기 교육과 프로그램 등 노인교육에 대한 연구가 이루어지고는 있지만 미흡한 실정이다.

우리의 현실은 노인들을 과소평가하고, 무능력하고 쓸모없는 사람으로 생각하는 등 매우 부정적으로 보는 시각이 지배적이다. 하지만 노인들도 항상 무엇인가를 갈망하고 충족시키려 하는 욕구를 가지고 있다. 즉 아직도 자신의 존재를 인정받고 싶어 하며, 자신을 표현하고 싶은 욕구, 무엇인가 배우고 싶은 욕구, 사회에 봉사하거나 참여하고 싶은 욕구, 환경에 더 잘 적응하려는 욕구 등을 가지고 삶의 의욕과 애착을 보인다. 따라서 이런 욕구가 충족되면 만족감을 얻고 활력 있는 삶을 영위할 수 있게 된다(Kausler, 1990).

노인들이 지닌 이처럼 다양한 욕구들은 정보매체를 활용하거나, 교육활동, 사회 참여 등을 통해 인간관계를 형성하고, 안목을 넓힘으로써 해결될 수 있다. 다시 말해 노년기의 교육적 활동은 노인들의 다양한 욕구를 종합적으로 만족시켜줄 수 있는 창구라고 볼 수 있다. 따라서 노인 인구가 증가하고 있는 현실에 비추어 볼 때, 노인의 심리에 대한 이해와 더불어 노년기의 교육이 더욱 절실하게 필요해지는 것이다.

노인 개개인의 행동을 이해하고 문제를 해결하는 데 도움을 주려면 종합적인 접근이 이루어져야 한다. Allport(1961)는 '인격'의 총체적인 독특성을 강조하면서 한 개인을 이해하기 위해서는 인간 행동의 생물학적 요인, 개인 심리적인 요인, 사회적인 요인 등을 종합하면서, 개인의 전체적인 모습을 발달과정에 따라 그리고 현재 상황에서 파악해야 한다고 강조하였다.

노인들에게서 나타나는 우울, 무기력, 죽음, 불안과 같은 정서장애나 기억력과 사고력 감퇴, 언어능력 등의 정신·인지쇠퇴는 일시적이든 지속적이든 간에 노인들의 자아기능을 약화시키기도 하고 불안정하게 만들기도 한다. 노인들은 나름대로 생활에 충실하면서 자신의 삶을 계속적으로 영위해 나가지만, 신체기능·인지기능·사고력·성역할·적응력·태도 등 모든 자아기능의 통합이 점차로 약화되어 가는 변환기에 이르게 된다.

이런 변환기에 있어서, 노인을 둘러싸고 있는 환경은 매우 중요하며, 그 환경은 노인들의 다양한 욕구를 해결하는 데 필요하기 때문이다. 과거에 비해 노인들의 수명은 늘어났지만 사회경제적인 지위는 낮아지고 그 역할도 감소되어 가고 있다. 또 사회의 변화와 더불어 가치관이나 태도가 바뀌어 감에 따라 노인들은 환경에 잘 적응하고 성공적인 노후를 보내고 싶어 하는 것이다.

노인은 자신의 다양한 욕구를 교육활동이나 사회활동을 통해 표현하고 만족시키기를 원하기 때문에 평생교육의 일환으로써의 노년기 교육이 절실하게 요구되고 있고, 교육적 환경 조성은 심리·사회적으로, 정신·건강적으로 노인들에게 영향을 주게 되는 것이다.

이러한 교육적 환경 변화에 따른 노인의 심리와 특성을 이해하는 기초적인 자료를 제시하려면 종합적인 접근이 필요하다. 생활만족도, 치매증상, 우울감, 무력감 등 한 가지 특성을 측정할 수 있는 검사도구들은 많이 개발되어 연구되고 있다. 그러나 종합적인 접근을 통해 노인의 자아기능 통합의 정도를 알아보려는 연구는 찾아보기 힘들고 검사도구도 없다. 따라서 자아기능 통합 정도를 쉽게 측정할 수 있는 효과적이고 교육적인 검사도구를 개발하여 자아기능 통합의 경향성을 알아보고, 노인들의 인지·정의적 특성을 밝히는 일이 요구된다. 또한 노인의 교육적 욕구를 만족시켜 주는 환경변인이 노인들의 자아기능 통합과 인지·정의적 특성에 어떤 영향을 주는지 알아보는 일이 시급히 요청된다.

노년기의 교육적 욕구의 충족은 노인들의 자아가 환경에 잘 적응하고 기능의 통합이 잘 이루어져서 능력을 최대한 발휘하고 유지하도록 도움을 줄 것이다. 즉 노인들이 노화과정에 적절하게 대처할 수 있고, 사회의 변화에 효율적으로 적응할 수 있도록 다양하고 교육적인 환경을 조성하는 일이 필요하다. 이는 노인들이 자신의 잠재 가능성을 이끌어 내 참다운 자아실현을 하게 함으로 신체적·정신적·정서적으로 안정감을 갖게 할 것이다.

본 연구에서는 노인들의 교육적 환경변인이 자아기능 통합과 인지·정의적 특성에 어떤 영향을 주는지를 밝히고자 한다. 더 나아가 노인교육이나 노인상담 분야에서 노인들이 쉽게 접할 수 있는 자아기능 통합 측정도구를 활용함으로써, 노인교육 프로그램의 개발이나 적용, 취미교육과 분반활동 등 노인교육을 보다 효과적으로 이끄는 데 이바지하고자 한다.

B. 연구 목적 및 문제

1. 연구의 목적

본 연구의 목적은 노년기의 교육적 환경변인에 따른 노인의 자아기능 통합과 인지·정의적 특성에 대해서 알아보고자 하는 것이다. 교육적 환경변인이 우수한 일반 가정에 거주하는 노인들과 교육적 환경변인이 보통인 양로 시설에 거주하는 노인들과의 비교를 통해서 노인들의 자아기능 통합과 인지·정의적 특성의 차이점을 분석하고자 한다.

2. 연구의 문제

연구 목적을 달성하기 위한 구체적인 연구 문제는 다음과 같다.

1. 노년기의 교육적 환경변인에 따라 자아기능 통합 및 그 하위 영역에는 차이가 있는가?
2. 노년기의 교육적 환경변인에 따라 인지·정의적 특성에 차이가 있는가?
3. 노인의 자아기능 통합 및 그 하위 영역은 료샤 검사에 나타난 인지·정의적 특성과 어떤 관계가 있는가?

C. 연구의 제한점

본 연구의 제한점은 다음과 같다.

첫째, 자아기능 통합 측정도구를 제작함에 있어 노인들에게서 얻어진 설문자료를 이용하였으나, 자세한 면접 내용을 가지고 기술적인 접근을 하지 않고 일상적인 대화 중에 드러난 내용을 가지고 접근하여 보다 구체적이지 못하였다. 또 자아기능의 다양한 측면의 내용들을 골고루 포함시켜서 문항을 선정하지 못하고 본 연구자의 관심 영역 위주의 문항을 선정하였다.

둘째, 자아기능 통합 측정도구 개발은 전국의 만 65세 이상의 노인을 대상으로 하였다. 그러나 교육적 환경변인에 따른 집단 비교연구는 한정된 적은 수의 노인을 대상으로 하였으므로 연구의 결과를 일반화함에 무리가 있다.

Ⅱ. 이론적 배경

A. 노인의 특성

1. 노인의 정의

노인은 발달과정 중에 마지막 단계에 있는 사람으로, 외적인 모습은 변하지만 내면적인 인격은 쉽게 변하지 않는 것이 특징이다. 노년학자들은 노인을 연령, 신체변화, 심리적 가치관, 사회학적 개인 능력에 따라 구분하기도 한다(한국노인복지 시설협회, 1994; 윤진, 1997).

그러나 노인에 대한 정의는 사회, 문화, 개인적 상황에 따라 다양하기 때문에 노인을 한마디로 정의하기란 매우 어려운 일이다. 제2회 국제 노년학회에서는 노인이란 환경 변화에 적절히 적응할 수 있는 자체 조직에서 결손이 있는 사람, 자신을 통합하려는 능력이 감퇴되어 가는 시기에 있는 사람, 인체 기관과 조직 기능에 쇠퇴현상이 일어나는 시기에 있는 사람, 생활체 적응성이 정신적으로 결손 되어 가고 있는 사람, 조직 및 기능 저장의 소모로 감퇴 현상을 겪고 있는 사람으로 정의하였다. 이런 정의에 따르면, 노인은 생리적 기능이 저하되고 정신·인지기능이 감퇴되어 적응력이 결손 되어 의존적이고 과거 지향적인 사람이다.

노년기의 시작을 65세로 본 것은 1883년 독일 비스마르크 시대에 65세 이상의 노인들을 위한 노후 보장 정책에 따른 법적 판례에 근거를 두고 있는데, 이것은 노인들이 대부분 65세 정도면 사회경제적 위치에서 은퇴를 하는 것과 연관된다(아산사회복지사업재단, 1985). 유교문화의 영향을 받아 환갑 년을 기준으로 하는 우리나라에서는 보통 만 60세 이상을 노인으로 규정하였으나(현두일, 1976; 이정선, 1995), 오늘날은 평균 수명의 연장과 더불어 국제사회나 국내법에서 규정하는 만 65세 이상을 노인으로 규정하고 있다(최순남, 1984; 곽영수, 1993).

본 연구에서는 노인을 신체적 나이로써, 생활보호법(1989)과 노인복지법(1990)에서 규정하는 만 65세 이상으로, 심리사회적으로 마지막 단계를 거치면서 자아기능 통합이 약화되어 환경 변화에 대한 적응력이 점점 줄어져 가는 발달과정에 있는 사람으로 정의한다.

2. 노인의 일반적 특성

사람의 일반적인 특성이나 적응상태는 갑자기 이루어진 것이 아니라 각 발달 단계를 거치는 동안에 끊임없이 변화하면서 이루어진다. 노년기의 특성은 장년기부터 그 뿌리가 생기기 시작하여 노년기에 더욱 두드러지게 된다.

노년기에 나타나는 공통적인 특성들을 구분해 보면 다음과 같다.

첫째, 생리적인 변화이다. 나이가 들어감에 따라 피부가 점점 메마르고 탄력성을 잃게 되어 주름살이 생기고 머리카락이 빠지거나 희게 된다. 또한 칼슘이 고갈되어 뼈들이 가벼워지고 성글어지는 등 골격체계가 줄어들기도 하고, 심장이나 폐, 소화기관, 비뇨기관 등의 기능이 점점 쇠퇴해 소화기능의 효율성이 떨어지고 신진대사가 원활하게 일어나지 않으며, 혈액순환도 둔화된다.

시력장애와 청력 장애로 인해 만성적 질병에 시달리며, 미각과 후각이 감퇴되는 등 감각기능도 저하된다. 따라서 노인이 되면 불쾌한 냄새를 더 잘 견디고 흔한 냄새를 분별하는 데 능숙하지 않게 되는 것이다(Schiffman & Covery, 1984).

둘째, 정신·인지적인 변화이다. 감각기능의 저하는 감각기관에서 받아들인 정보를 전달하고 평가하고 의미를 부여하는 인지적인 기능을 저하시킨다. 노년기에는 중추신경계의 노화에 따른 신경세포의 상실, 전달 속도와 탄력성의 감소에서 오는 반응의 둔화, 운동 능력의 저하, 지능의 감퇴 현상을 보여 학습 능력의 저하, 사고 능력과 창의성의 약화, 융통성의 결여가 나타나기도 한다.

근래에는 노년기에 지능이 현저하게 떨어진다는 주장에 이의를 제기하면서 그렇지 않다는 주장이 대두되고 있다. Schaie와 그의 동료(1963)의 연구에 의하면 언어의 의미, 추론 능력, 수적 능력, 말의 유장성, 공간 지각 등 5가지 정신 능력은 60세까지 쇠퇴하더라도 거의 쇠퇴하지 않고 지식과 정보 같은 몇몇 분야에서는 오히려 능력이 증가한다고 한다(최신덕, 김모란 공역, 1998).

노인들은 정신·인지기능이 쇠퇴하여 장애를 경험하기도 하는데 잘 알려진 장애로 노인성 치매를 들 수 있다. 노인성 치매는 정상적인 신체활동에 필요한 정신능력을 상실한 상태이다. 기억장애와 인지장애를 동반하는 임상 증후군으로 나타나는 치매는 주로 기질적인 장애로 다양한 원인에 의해 발생한다. 그중의 48%가 원인 미상으로 알츠하이머형 치매를 주로 일컫는다. 치매가 심하지 않을 때에는 기억을 도울 수 있는 적당한 여러 가지 조치로 도움을 줄 수 있다.

셋째, 사회적인 지위와 역할의 변화이다. 과거의 전통사회에서 노인은 가장으로서 원로이자 정신적 지주로서, 가정교육과 징계의 책임자로서, 가산 관리의 책임자로서 책임과 절대적인 권한을 가진 존재였다. 오늘날 산업사회에서는 도시화에 따른 인구 이동, 사회경제적 지위에 따른 사회적 분리, 핵가족제도, 젊은 세대와의 세대차 등으로 노인들의 지위가 하락하였다(Mohong & Keith, 1992). 노인들은 생활양식의 변화로 인해 구세대의 쓸모없는 존재로 역할이 낮아지고 경제력이 없이 부양을 받는 존재로 전락하였다.

그러나 노인들의 누적되어온 사회적 경험은 매우 값진 무형의 재산이다. 따라서 노인들의 지위와 역할이 새롭게 자리매김 되어야 한다. 한정란(1994)은 노인들에게 가족 내에서 지혜를 가진 상담자, 가정교육과 예절 교육의 담당자의 역할을 제시하였고, 사회적 영향 세력으로서의 노인 집단에 대한 지위 향상을 통해 노인들이 사회의 구성원으로 적극적인 역할을 담당하는 것이 필요하다고 하였다.

넷째, 심리적인 변화이다. 개인의 독특한 특성 변화는 인생의 전반에 걸쳐 형성되지만 노년기에 더욱 심해진다. 강봉규(1995)는 나이를 먹었다는 것이 곧 정서적 균형이나 정신건강 전체가 병적으로 쇠퇴했다는 것을 의미하는 것이 아니라, 주변에서 받는 신체적·심리사회적 및 사회경제적 스트레스를 견디는 힘이 적어지는 것이고, 이런 스트레스들이 누적되어 기능을 방해함으로 병적인 노화 증상을 나타내는 것이라고 보았다.

노인이 되면 노령에 따른 여러 가지 스트레스-배우자 사망, 수입 감소, 역할의 상실, 건강의 악화, 사회적 고립-등으로 인하여 우울증 경향이 증가한다. 이는 개인의 적응 능력(coping ability)에 따라 차이가 나지만, 노령에 따른 스트레스에 적절히 대처하지 못하면 흥분이나 착란, 정신병적 사고들을 보일 때도 있다. Birren과 Schaie(1990)은 노년기는 다른 어떤 연령집단보다 신체적 질병, 약물의 사용, 노화 등 외부적인 요인에 따른 우울을 훨씬 많이 나타내며 단극성 우울이 대부분이라고 하였다.

내향성(interiority)의 증가는 사회적 활동이 감소하면서 사물의 판단과 활동 방향을 외부보다는 내부로 돌려 자신의 사고나 감정에 의해 판단하려는 경향에서 비롯된다. Neugarten(1968)은 노인들이 신체 및 인지능력의 감퇴와 더불어 자아상이 달라져서 외부 지향적인 적극성이 줄어든다고 한다. 따라서 일을 능동적으로 해결하기보다 수동적으로 해결하거나 우연에 맡겨버리는 경향이 있다고 하였다.

노인들은 기존의 방법을 고집하고 이를 여전히 계속하려는 경직된 행동 경향이 있고 그에 따른 부가적인 조심성이 증가한다. Okun(1976)은 노인들이 동시대 사회와의 관계단절로 인해 부정적 자아개념이 형성되고, 자신을 무능력하게 여기기 때문에 자아유지를 위해 조심성이 생긴다고 하였다. 또 노인들은 노화로 인한 능력의 결함과 어려운 과제 수행시의 능력 부족, 과업 수행의 동기 감소, 가치 체계의 변화에 따른 세대 차이 등으로 인해 조심성이 증가한다고 한다(숙명여대 건강 생활과학 연구소, 1997).

정상적인 노인들은 한정된 자신의 생명을 자각하고 자신의 사후에 자신이 세상에 살고 갔다는 흔적이나 유산을 남기려는 상속성(legacy)이 있어 재산과 유물을 자식에게 물려주기도 한다. 또 인간문화재 같은 사람들은 수제자를 양성하여 그 기술을 전수시키려고 노력을 한다. 노인들은 자기가 오랫동안 사용하던 사물에 대한 애착이 강하며, 지나온 일생을 되돌아보기도 한다. 성역할에도 변화가 나타나 남성은 여성적 특성이 증가하고 여성은 남성적 특성이 보이기도 한다.

노년기에는 신체적, 정신적 힘이 쇠퇴되고 사회적 역할이 상실되므로 자연히 타인의 도움이 필요하게 되어 의존성이 증가한다(Kalish, 1975). 반면에 일생을 살아오는 동안 최선을 다했다는 만족감이나 성취감을 느끼고 마음의 평정을 갖게 된다. 또 노인들은 인생을 주관적인 관점에서 바라보기도 하고, 자신이 터득한 지식이나 경험을 젊은 세대와 공유하고 싶어 하며, 사물에 대한 호기심이나 놀라움이 증가되기도 한다.

다섯째, 발달과업에 따른 욕구 유형의 변화와 유지이다. 노인의 욕구체계는 사회 변화에 대한 적응력의 저하·세대 간의 정서적 거리감·은퇴로 인한 사회적 이탈 등 사회적 특성의 영향을 받기도 한다. Turner(1968)는 노인의 욕구를 좀 더 나은 상태의 휴식과 만족스러운 여가시간을 가지려는 욕구, 지역사회의 일원으로 인정을 받으려는 욕구, 기존의 특권을 계속 유지하려는 욕구, 주위의 위험으로부터 보호받고자 하는 욕구, 자기표현을 하며 성취감을 향유하려는 욕구, 적절한 생활환경을 유지하고 가족관계를 통해서 정서적 만족감을 가지려는 욕구로 구분하였다. 또 Atwood와 Ellis(1971)는 기본적 욕구, 실질 욕구, 감정적 욕구, 교육 욕구, 상징적 욕구로 구분하였고, 허춘강(1997)은 건강 욕구, 경제적 욕구, 정서적 욕구, 지적 욕구, 사회적 욕구로 구분하였다.

노년기에 공통적으로 나타나는 욕구는 연장자로서의 지위와 역할 담당과 유지, 대인관계에 있어 정서적이고 상호교류적 만족감, 건강한 노후생활의 보장과 경제적 능력 유지, 적절한 여가생활의 추구 등이다. 노인들의 욕구는 도전, 성취나 변화의 욕구라기보다는 승인과 안정의 욕구이다.

그러나 넘쳐나는 지식과 정보로 인해 급변하는 사회에 살고 있는 노인들은 변화하는 환경에 잘 적응하면서 세대차를 극복하고, 자신의 능력과 가치를 새롭게 발견하고, 부양받는 존재에서 벗어나 경제적으로 독립하고 싶어 하고, 자신을 표현하고 성취감을 느끼려는 가치지향적인 욕구도 가지고 있다. 이런 가치지향적인 욕구들은 노년기의 교육적 욕구나 지적 욕구와 관련이 되어 있으며, 도전과 적응에의 욕구인 것이다. 역시 노인들도 발달과업에 따른 여러 가지 다양한 욕구체계를 가지고 있으며, 환경에 잘 적응하면서 자신의 욕구를 만족시키고 유지하려는 경향이 매우 강하다고 볼 수 있다.

B. 노인의 자아기능

1. 노인의 자아기능

인간은 필연적으로 태어나 성장·발달하여 마지막 단계인 노년기에 접어들게 되는데, 각 단계에 잘 적응하고 위기를 넘기면서 건전한 모습으로 발달해 나가야 한다.

Erickson(1963)은 성격 발달의 단계에서 심리사회적 위기라는 가설을 세우고 전 생애를 통한 발달과정을 8단계로 구분하였다. 그 위기는 발달단계에서 문제를 해결하려는 개인의 노력에 의해 전 생애에 걸쳐 일어나며, 이 이론에서는 주관적 자각과 객관적인 자각을 포함하는 자아정체감을 중요시하였다.

제8단계인 노년기는 자아통합 대 절망감(ego integrity vs despair)

의 단계이다. 인생을 마무리하는 단계에서의 자아통합감이란 자기의 지나온 일생에 대해 만족하고 최선을 다해 일생을 살았다는 느낌을 가지고, 이룩해 놓은 일과 행운에 대해 감사하는 자세를 가질 때 생기는 것이다.

이와 반대로 자기의 인생이 무의미하고 실패하였으며, 다시 시작하기에는 너무 늦었다고 탄식하게 될 때 절망감이 나타나게 된다. 이런 경우에 지나온 인생에 대한 불만과 회의가 생기고 우울함 속에서 자신이나 타인을 원망하면서 괴로운 노년기를 보내게 되는 것이다.

이처럼 개인의 적응능력, 자아파악, 사회적 기능 등은 각 단계를 거치면서 전 생애를 통해 발달되며, 나이를 먹어감에 따라 신체적, 심리사회적 변화와 함께 역할, 태도, 적응력, 현실감, 판단 등도 달라진다.

전 생애를 포함하는 자아의 발달과 적응적 기능을 더욱 강조한 자아심리학자들은 자아가 자체의 에너지 원천을 가지고 있으며, 정신 내적 체계들 간의 갈등을 조정하고 환경과의 상호작용을 함에 있어서 자율적이고 독립적이고 적극적인 적응 기능이 있는 존재라고 보았다.

Hartmann(1958)은 고도의 자율성과 독립성, 환경에 대한 적극적인 적응 기능을 자아에 부여하고, 이 기능을 수행하기 위해서 자아는 인지적인 기능과 통합기능을 포함하게 된다고 하였다. Rapaport(1960)는 자아기능을 강조하면서 자아기능이 이상 행동뿐

만 아니라 정상적인 성격과 행동을 포괄적으로 설명할 수 있다는 이론을 발전시켰다. 자아도 개인들의 심리적인 특성이나 발달상의 조건, 적응과 부적응의 정도에 따라 기능이 강해지거나 약해질 수 있는 기능적 존재라고 보고, 환경과의 상호작용을 통한 현실과의 적응성을 중요하게 보았다. 따라서 자아도 능력 이상의 심한 스트레스나 환경적인 압력을 받으면 적응능력이 상실되어 자아기능이 약해진다. 자아기능은 대체로 서로 관련되어 있고 상호의존적이며 다소 중복되어 있어 개체가 적응해 가는 과정에서 서로 협조적이거나 방해할 수도 있다. 자아가 효율적으로 적응행동을 할 때에는 여러 가지 기능이 통합이 되어 나타나지만, 자아기능 중 하나가 장애를 받을 때에는 다른 기능도 장애를 받게 되며, 자아가 약화되면 자율적인 자아기능의 장애를 가져오고 심하면 정신병리 현상을 초래할 수도 있는 것이다.

Bellak(1973) 등은 이전의 연구들을 통해 더 세분화하여 자아기능을 현실 검증, 판단, 현실감, 동인·충동의 조절과 통제, 대상관계, 사고과정, 자아에 기여하는 적응적 퇴행, 방어적 기능, 자율적 기능 종합 및 통합 기능, 숙달과 능력 등 12개로 분류하였다. 김재환, 원호택(1987)은 이러한 자아기능에 의한 접근은 신경증 집단뿐 아니라 정상인의 평가에도 확대 적용시킬 수 있으며 역동적인 측면을 평가하고 기술할 수 있는 장점을 가지고 있다고 하였다.

노인들의 자아기능 통합과 가장 관련되는 것은 정신·인지 기능의 쇠퇴에서 오는 기능의 저하나 약화이다. 인지기능의 쇠퇴는 기억력의 감퇴를 가져오고, 그것은 새로운 것을 배우는 학습능력을 점점 감소시키게 되고, 동기도 떨어뜨리게 된다. 또 기억의 단계에 있어서 부호화과정과 인출단계에서도 기능이 저하되어 여러 가지 자료를 분류, 조직하는 능력이 감퇴한다. 따라서 노인들은 융통성이 없어져 완고하게 되고, 새로운 것을 받아들이기 힘들며 변화에 저항하는 경향이 생긴다. 또 지나치게 보수적이 되며, 흥미도 좁아지고, 주변의 일들에 대해 불평과 불만이 많아져서 비관적이고 체념적인 생각을 많이 하게 된다(강봉규, 1995). 이런 경향은 기억, 주의집중, 사고 양식의 적합성 등과 관련된 사고 과정에 있어서 노인들의 사고가 조직적이지 못하고 편협하며 왜곡되게 변해 가는 것을 의미한다.

인지기능의 쇠퇴는 현실검증이나 현실감, 판단 등의 자아기능에도 영향을 미친다. 노인이 되면 내외 자극을 잘 구분하지 못하며, 시간이나 장소에 대한 지남력이 떨어지는 등 현실검증이 점차로 힘들어지고, 의도한 행동이 적절한지 또는 외부의 현실에 대해 적절하게 정서적으로 조절할 수 있는지 하는 등의 판단력도 떨어지게 되어 비현실적인 경향을 보이기도 하는 것이다.

노인들은 욕구 좌절에 대한 인내가 적어져서 부적절하거나 충동적인 정서표현을 하기도 하고 부적응 현상을 초래하기도 한다. 정동이나 충동의 조절이나 통제에 있어서 흔히 노인들에게서 나타나는 것이 우울감, 무력감이나 자존심의 손상 등을 들 수 있다. 그러나 스트레스를 주는 여러 가지 일들에 대해 적절하게 대처하면 노인들은 별 탈이 없이 지낼 수 있지만 그렇지 못하면 정서적인 충격 속에서 우울감이 더욱 깊어지기도 하여 정신병적인 사고를 보이기도 하며, 주의에 대한 적대감을 나타내기도 한다.

Bromley(1985)는 감퇴한 지적 능력은 사교나 기술면에 장애를 주게 되고, 이는 노인들의 보수적인 성격이나 경직성과도 관계가 있다고 하였다. 자아중심성이 강한 노인들은 타인과의 관계의 폭이 점점 좁아지고 융통성이 없어지면서 대상과 관련된 좌절이나 불안을 견뎌낼 수 있는 힘이 점차로 적어져 간다. 또 타인을 독립적인 실체로 인정하기보다는 자신의 일부로 보는 경향이 있고, 자녀와의 관계에 있어 의존하려는 경향도 점점 강해진다.

노인들은 신체적, 생리적, 심리적 변화로 인해 시각·청각·지각·학습·운동근육 등의 자율적 기능이 점차로 자유롭지 못하게 되고 그로 인해 적응 양식이 점차로 수동적으로 변하기도 한다. 노인들은 방어적 기능이나 방어기제에 있어서도 자아기능의 적응 수준이 적절하지 못해서 방어적 작용이 약화되어 가기 때문에 불안·불만·우울 등 부적절한 정서 등을 나타내기도 하고, 이러한 태도·가치·정서·행동들을 잘 종합하거나 통합하고, 환경과 상호작용을 하려는 능력도 감퇴되어 가는 것이다.

결론적으로 자아는 사회적인 환경과의 상호작용 속에서 적응하면서 개인의 심리사회적 발달단계에 따라 발달해 가는 기능적인 존재이다. 자아기능은 태어나면서 조금씩 발달해 가다가 청소년기에 이르러서는 많이 발달하지만 미숙한 상태로 자아정체감의 위기를 맞기도 한다. 성인이 되면 자아기능도 균형을 이루면서 통합적인 발달을 가져오는 것이다. 그러나 노년기에 이르면 신체적, 생리적으로 노화되듯이 자아도 그 기능이 점차로 약화되어 가는 것이다.

2. 노인의 자아기능에 영향을 미치는 환경적 변인

노인의 자아기능에 영향을 미치는 환경은 물리적 환경, 심리적 환경, 사회적 환경, 가정환경 등 여러 가지가 있지만 교육적 환경에 대해서만 알아보고자 한다.

자아기능 통합의 약화는 정신·인지기능의 쇠퇴와 상관이 많은데, 개인에 따라 다르게 일어난다. 노인들의 교육적 욕구의 충족과 활동, 적절한 환경과의 상호작용, 스트레스의 조절 등은 노인들의 자아기능이 잘 통합이 되도록 도울 것이다.

Dennis(1966)는 창조적 성과에 대한 연구에서 학자들의 생산성은 인생 후반에서 70대까지에 절정을 이룬다고 하였고, Birren(1976)은 건강이 좋고 계속적인 지적 활동을 하면 지능은 80세까지도 아주 조금 감퇴한다고 하였으며, Schaie와 그의 동료들(1963)은 노인들이 지적 능력을 사용하지 않기 때문에 감퇴되는 것이지 실제로는 상실되지 않는다고 하였다. Holden과 Sinebruchow(1978)는 경미한 치매노인들에게 일상생활과 사존심을 유지하게 하고, 신문을 읽거나 TV를 시청하게 함으로 인지적인 쇠퇴를 막는 데 도움을 줄 수 있다고 하였다.

이러한 연구들을 종합해 볼 때, 노인들의 교육활동이나 교육적인 환경의 조성은 인지적인 능력을 얼마든지 유지시킬 수 있고 쇠퇴가 덜 일어나게 도울 수 있고, 노인들의 자아기능 통합이 잘 되도록 도울 것이다. 따라서 노년기의 교육적 욕구를 충족시킬 수 있는 환경의 조성은 매우 중요하고 필요하다.

McClusky(1971)는 미국의 〈노인문제에 관한 백악관 회의〉에 관한 보고서에서 노인들의 교육에 대한 욕구를 환경 적응에 대한 교육적 욕구(coping needs), 표현에 대한 교육적 욕구(expressive needs), 공헌하려는 욕구 (contribution needs), 영향을 주려는 욕구(influence needs), 초연하고자 하는 욕구(transcendence needs)로 구분하였다. 허춘강(1997)은 노인의 욕구를 건강 욕구, 경제적 욕구, 정서적 욕구, 지적 욕구, 사회적 욕구로 구분하고, 이런 욕구들은 노인교육을 통해서 충족되어야 한다고 하였다.

여러 가지 교육적 욕구 유형을 충족시키기 위해서는 노인들도 각종 지식이나 정보에 민감해야 하고, 열의를 가지고 신지식이나 기술을 배우려고 노력해야 한다. 또 노인을 둘러싸고 있는 물리적·교육적 환경이나 조건이 잘 형성되어져야 하며, 주위 사람들의 이해와 적극적인 협조가 뒤따라야 한다.

본 연구자는 노인의 교육적 욕구 유형을 사회·관계적 욕구, 신체적 욕구, 정서·문화적 욕구, 경제적 욕구, 교육·정보적 욕구, 종교·봉사적 욕구 등 여섯 가지로 나누었다. 교육적 욕구에 따른 환경변인을 구체적으로 제시하면 〈표 1〉과 같다.

〈표 1〉 노년기의 교육적 욕구와 환경변인

교육적 욕구	구체적 환경변인
사회·관계적 욕구	1. 대인 관계 증진과 친목을 도모하는 동년배 모임에 자주 나간다.(동창회, 향우회, 퇴직자 모임 등)
	2. 상호 세대 간의 이해와 관계 개선을 위해 대화나 토론을 자주 한다.(부부나 자녀·손 관계, 형제나 이웃, 친구 등)
신체적 욕구	3. 건강 증진이나 건강 개선을 위한 정기적인 운동을 한다.(주 1회 이상의 수영, 등산, 산책 등)
정서·문화적 욕구	4. 취미 활동을 한다.(그림, 서예, 뜨개질, 바둑, 장기, 낚시, 등)
	5. 다양한 문화생활을 즐긴다.(영화, 연극, 스포츠관람, 전시회, 연주회 참가 등)
경제적 욕구	6. 잠재적 능력 개발 및 간단한 근로활동에 참가한다.(재취업 교육, 장단기 취업, 시간제 아르바이트 등)
교육·정보적 욕구	7. TV나 라디오를 하루 1시간 이상 보거나 듣는다.(교양, 뉴스시사 등)
	8. 인쇄매체를 통한 다양한 교육적 정보를 얻는다.(신문, 잡지소설 등)
	9. 사회교육 기관에 다닌다.(노인학교, 경로교실, 노인대학 등)
	10. 새로운 정보·통신매체를 배운다.(컴퓨터, 인터넷 등)
종교·봉사적 욕구	11. 종교적 활동에 적극 참여한다.(예배, 미사, 법회, 성경공부 등)
	12. 지역사회 봉사활동에 적극 참여한다.(조기청소, 청소년 선도, 교통정리, 자원봉사활동 등)

C. 선행연구 분석

1. 자아기능의 통합과 하위 영역

노인의 자아기능 통합은 두 부분의 7개의 하위 영역으로 이루어져 있다. 첫째는 성공적이고 긍정적인 노후와 관련된 심리사회적 안정감으로 자아통합감, 활동성, 대인관계, 상속성의 4개의 하위 영역으로 이루어져 있다. 둘째는 정신·인지기능과 관련된 정신건강적 안정감으로 치매증상, 무력감, 우울감의 3개의 하위 영역으로 이루어져 있다.

자아통합감은 생활만족도보다 더 추상적이고 포괄적이다. 하지만 유사한 개념으로 간주되기도 한다. 자아통합감은 관점에 따라 달리 표출되기도 하는데 주로 인구학적 배경이나 사회경제적 관점에서 연구되고 있다(Kalish, 1975; Atchley, 1976; 김수연, 1987; 서병숙, 1988; 이정연, 1988; 정용희, 1989; 황미혜, 1993; 백근영, 1994; 김효경, 1995). 자아통합감이나 생활만족도는 남성, 건강양호자, 높은 생활수준, 배우자 존재, 고학력자일수록 높은 것으로 나타났다. 이는 남성이 여성보다 권위를 가지고 있어 자기중심적으로 생활하고 있고, 건강하고 경제적 수준이 높을수록 모든 일에 자신감을 가지고 욕구를 만족하며, 배우자가 있는 사람들은 고독감을 덜 느끼기 때문이라고 보인다.

노인의 성격 특성이나 회고와 같이 심리학적 관점에서 다루어진 연구도 있다(이영은, 1990; Cook, 1991; 김현진, 1992; Newbern, 1992; 정영, 1994). 적극통합형이거나 회고를 자주 하는 노인일수록 자아통합감이 높은 것으로 나타났는데, 이는 자신의 삶을 인정하고 대인관계가 원만하고 헌신적이며, 회고를 통해 삶과 죽음을 수용하고 가치를 새롭게 발견함으로 긍정적인 자아상을 확립하기 때문이다.

노인교육의 입장에서 살펴본 연구도 있다(한정란, 1994; 서병진, 1997; 허춘강, 1997; 이화정, 1998). 노인교육이 생활에 만족을 준다고 하였는데, 이는 교육을 통해 지적 욕구를 만족하고, 대인관계를 형성하여 고독을 덜 느끼고 즐거움을 얻으므로 생활에 긍정적인 변화를 가져오기 때문인 것 같다.

대인관계에서는 부모와 자녀관계를 중심으로 이루어진 연구(Quinn, 1983; 김종숙, 1987; 강주령, 1990; 김효경, 1995)와 친구나 이웃과의 관계에 대한 연구가 주류를 이루고 있다(Hess & Warling, 1978; Kuntz, 1990; 최정아와 서병숙, 1992). 이 분야의 연구에서는 대인관계가 원만하고 접촉이 잦으며, 의사소통이 잘 이루어질수록 만족을 느끼고 있다고 하였다. 이는 노인들이 사회적인 지지망이 잘 형성될수록 자신이 인정받고 있다고 생각하게 되어 친애의 욕구를 만족하게 되고, 대화를 통한 감정의 공유와 이해로 문제해결이 원활하게 이루어지기 때문인 것으로 보인다.

활동성에 있어서는 여가활동 내용에 따라 생활만족도가 달라진다는 연구들이 있다(Martinson, 1982; Tinsley, 1985; 서병숙, 1988).

정기적인 모임이나 종교활동, 자발적인 사회활동에 참여하는 노인들은 소속감을 갖고 활동함으로 사회적인 만족을 느껴 생활적응을 잘 한다고 하였다. 이는 활동적인 노인들이 우선 신체적으로 자신이 있어 모든 일에 긍정적이고 적극적으로 참여하게 된다. 또한 자신의 존재와 가치를 표현하면서 사회에 봉사하고, 또 영향력을 행사하기도 하며 의욕적으로 자신의 욕구를 충족하기 때문으로 보여진다. 즉 생리 안전의 기본적인 욕구의 해결을 넘어 차원이 높은 소속과 자존의 욕구를 만족시키기 때문인 것이다.

상속성에 있어서는 주로 재산상속, 신분상속, 제사상속 등의 가족의식과 관련된 법제도적 상속권에 대한 연구들이 많이 있다. 그러나 본 연구에서의 상속성은 노년기에 나타나는 특성 중의 하나로, 후세에 자기가 세상에 다녀갔다는 흔적을 남기려고 하는 성향을 의미한다. 여기에는 자녀, 재산, 작품, 제자 양성 등이 모두 포함된다.

문영소(1997)는 한국 가족의 상속 의식에 관한 연구에서 여성집단이, 수입이 높은 집단이, 연령이 낮은 집단이 성역할, 가족형태 등 현대적인 가치를 형성하고 있고, 교육수준이 높은 집단이 낮은 집단에 비해 애착이 가는 자녀에게, 생전에, 도움을 필요로 하는 자녀에게 우선적으로 재산상속을 원한다고 하였다. 이는 교육을 받은 사람일수록 전통적인 상속의 가치관이나 태도를 따르지 않고 현대적인 가치를 수용하고 있기 때문으로 보여진다.

심리사회적 안정감은 주로 인구통계학적 배경이나 사회학적 배경에서 다루어지고 있다. 교육학적 관점에서 다루어진 연구는 주로 노인교육의 실태조사로 노인교육 프로그램이나 교육과정과 교육적 욕구 만족도에 관한 연구들이다. 심리사회적 안정감은 노인들의 신체적 건강과 가장 밀접한 것으로 나타나 신체적 건강은 기본적인 필수조건이다. 따라서 노인들의 신체적 건강, 개인적 배경, 원만한 대인관계와 의사소통, 적극적 활동과 소속감 등에 따른 신체적·애정적·교육적·사회적 욕구의 만족은 노인의 심리사회적 안정감을 갖게 하는 중요한 요인이라고 볼 수 있다.

이윤로, 박종한(1996)은 치매 유병율이 전체 노인의 10.8%(남자 7.2%, 여자 14.2%)를 차지하였으며, 70대 후반에 여자는 남자의 2배이고 80세 이상은 남자의 1.6배로 유의하게 나타났다. 그 이유로 여자의 평균 수명이 남자보다 많기 때문에 나타나는 연령별 분포에 의한 차이와 남녀 간의 교육수준의 차이를 들었다. 여자 노인들이 직접교육은 물론이고 사회생활을 통한 간접교육을 받을 수 있는 기회가 남자보다 적어서 인지기능 평가에서 낮은 점수를 받은 때문이라고 하였다.

김경은(1995)은 노인에게서 나타나는 무력감의 의미 특성을 밀려남, 받아들여지지 않음, 의지할 데 없음, 덧없음, 기력이 다해감, 단절감, 뒤쳐짐, 쓸모없음 등이라고 밝혔는데, 노인들은 정상적인 노화를 거치는 동안 상실과 질병을 통해서 무력감을 가장 많이 경험하고(Roy, 1976; Miller, 1983; Shaw, 1986; 조명옥, 1989; 김인영, 1992; 정승은, 1998), 거주형태에 따른 무력감 연구에 의하면 양로원에 거주하는 노인이 무력감을 더 느낀다는 연구도 있다(김조자 외 2인, 1992). 귀인성향에 따른 통제감의 상실로 무력감을 느끼기도 한다는 연구도 있고(박상연, 1989), 노인환자를 대상으로 한 연구도 있다(조무용, 1995; 최영희와 김경은, 1996).

노인이 되면 어느 정도는 무력감을 느끼게 된다. 무력감은 심리사회적인 능력의 상실과 욕구좌절로 인한 동기의 감소에서 오는 정서적 압박감으로, 심하면 건강을 해칠 수도 있다. 노인들은 특히 자신의 능력과 의욕에 의해 목표나 욕구가 충족이 될 때는 활력을 얻지만, 운명이나 능력 이상의 곤란과 같은 절대적이고 환경적인 자기 외적 압력에 의해 욕구가 좌절될 때는 무력감을 경험하게 되는 것이다.

우울에 관한 연구는 성별·배우자 유무·종교·교육정도·건강상태·동거형태 등 인구통계학적 관점에서 이루어진 연구가 대부분이다(Husaini, 1991; Gallo, et al, 1994; 박경민, 1994; 김진희, 1994). 남자노인인 경우, 건강할수록, 경제수준이 높을수록, 교육정도가 높을수록, 종교가 있을 경우, 사회참여가 많을수록, 세대 간의 접촉이 많을수록 우울 수준이 낮다고 볼 수 있다. 거주형태에 따른 연구에서는 재가노인과 시설노인 간에 우울의 차이가 없다고 하였다(박병탁 외 3인, 1990; 서효석, 1992; 김승혜, 1992). 이외에도 시설노인의 사회적 접촉과 우울에 관한 연구도 있고(권희수, 1996), 자아존중감이나 고독감이 우울과 관계가 있다는 연구도 있다(송대현과 윤가현, 1989; 박현숙, 1993).

배우자의 사별은 가장 큰 스트레스로 우울의 원인이 될 수 있다. 시설노인이 우울을 느끼지 않는 것은 배우자의 상실로 인한 우울 감정이 정리가 되었고, 비슷한 입장의 노인들로 구성되어 상대적인 우울을 적게 느끼기 때문으로 보여진다. 또 형제나 친구 등의 면회가 잦을수록 우울 수준이 낮은 것으로 보아 사회적인 접촉과 지지정도, 대인관계, 경제적 상태, 건강수준, 종교의 유무 등은 우울 수준에 영향을 주는 요인이라고 볼 수 있다.

정신건강적 안정감과 관련된 치매증상, 무력감, 우울감 등은 노인의 질병이나 간호와 관련된 간호·의학적인 관점에서 많이 다루어져 왔다. 치매증상은 신체적 이유가 명확한 기질성 장애이지만 무력감이나 우울은 신체적 이유보다는 극복 능력의 결핍으로 인한 기능적 정서 장애이다. Ellis(1956)는 인지는 정서의 가장 핵심적 요소로, 잘못된 사고가 비합리적인 신념을 갖게 되어 부적절한 정서와 행동을 유발한다고 하였다. 따라서 무력감이나 우울과 같은 정서장애는 인지정서 행동치료나 심리재활 프로그램 등으로 극복할 수 있으므로 주변의 도움과 이해가 무엇보다도 중요하다.

이상에서 볼 때, 자아기능 통합은 심리사회적 안정감과 정신건강적 안정감이 적절하게 조화를 이루고 있는 상태라고 할 수 있는데, 노인을 둘러싸고 있는 교육적 환경과 매우 밀접하다고 보여진다. 대부분의 노인연구는 인구통계학적, 사회경제학적 관점에서 간호학, 가정관리학, 심리학, 사회복지학 분야에서 주로 이루어지고 있고, 교육학 분야에서는 많이 다루어지지 않고 있다.

2. 노인의 인지·정의적 특성

개인의 인지·정의적 특성을 잘 나타내 주는 료샤 검사는 노인에게 실시하기 좋은 검사 중의 하나이다. 최초로 노인을 연구한 사람은 Rorschach 자신이었다. Rorschach(1942)가 밝힌 노인의 특징은 Klopfer(1946)에 의해 증명되었다. 노인의 특징은 내적인 능력을 사용하는 가능성의 저하, 사고의 경직과 수축, 정서 자극에 대한 반응의 약화, 지각의 정확성 및 지적 효과의 감소, 반응과 생산성의 약화 등이다. 그 후 많은 연구들(Prados & Fried, 1947; Davidson & Kroglov, 1952; Light & Amick, 1956; Klopfer, 1946, 1974, Ames, et al., 1973)에 의해 지지되었다.

이후 노인 연구들은 다양한 관점에서 이루어지고 있다. 근래에 노인의 인지·정의적 특성을 다룬 연구들(Poitrenaud & Moreaux, 1975; Gentili, et al., 1985; Shimonaka & Nakazato, 1991; Mattlar, et al., 1984, 1985, 1992, 1993; Mayne, 1994; Domitrovic, 1994)은 성인과 별 차이가 없는 노인들도 많지만, 일반적으로 성인에 비해서 R(총반응수), P(평범반응), M(인간운동반응), CR(내용범위) 등이 적고 A(동물반응)와 F(형태반응)가 많은 경향으로 나타났다. 이는 인지적 쇠퇴로 인해 생산적이고 창의적인 사고가 줄어들고, 현실적 능력이 없어지며, 사회에 대한 관심과 흥미, 협동성 등이 줄어 사회적 고립 경향을 보이는데 나이가 들어갈수록 생산성이나 생명력, 욕구, 자아강도가 줄어들기 때문으로 보여진다.

특히 노년기에도 거의 젊은 성인과 같은 반응을 보여 충분한 인지적 능력이 있음을 뒷받침하는 연구도 있지만(Piotrenaud & Moreaux, 1975; Mattlar, et al., 1992), 성인과 비교해 볼 때 FM (동물운동반응)과 자아중심성 등이 약간 늘고, P(평범반응)와 M (인간운동반응), a(능동적 운동반응), 색채반응이 조금 적어지는 경향이 있다. 이는 심리적 특성과 비교해 볼 때, 노인이 되면 사회적 활동이 적어져 내향적이 되고, 사회적 기술이나 대인관계 능력이 결여되어가므로 수동적이며 소심해지기도 하고 경직되어 가는 것이다. 또 자기 물건에 대해 애착이 강하고 어린아이와 같은 성향을 엿볼 수 있는 것과 맥을 같이 한다고 볼 수 있다.

또 료샤 검사의 특정한 반응을 주제로 한 연구들도 있다. P반응에 관한 연구(下仲 順子와 中里 克治, 1989; Mattlar, et al., 1993)에서는 P반응이 줄어들고 있음을 지적하고 있다. 특히 P반응은 현실적 유대감이나 관습적인 지각의 특성과 관련이 있다. 따라서 노인이 되면 현실적 지각이나 적응력이 적어지고 대인관계 적응이 어려워지기 때문에 반응수가 감소한다고 보여진다.

M반응과 ΣC에 관한 연구(Erstad, 1996)에서는 노인이 되면 인지적 쇠퇴가 일어나고 정서적으로 불안한 경향이 있어 M과 ΣC적게 나타난다고 하였다. 연구자는 그 이유를 노인의 전형에 관한 연구의 부족이나 노인들의 개인차가 심하기 때문이라고 하며, 나이보다는 다른 요인과 더 관계가 있음을 시사하였다.

의학적인 접근에 있어서는 주로 정신병에 관한 연구가 많이 이루어지고 있다. 그러나 우울에 관한 연구도 있고(Kettell, 1976; de Mol, 1993), 치매에 관한 연구도 많이 있다(Rorschach, 1942; Doerken & Karl, 1951; Orme, 1955; Singer, 1963; Ames, et al., 1973, 1974; Exner, 1974; 下仲 順子외 2인, 1975; 下仲 順子와 中里 克治, 1989; Perry, et al., 1996). 특히 치매는 R, F+, CR, P반응과 정적 상관이 있는 것으로 나타났다. 下仲 順子 등(1975, 1989)은 치매가 진전될수록 P가 적어져 P가 인격노화의 사인 중의 하나임을 알아내었다. 이는 현실적 지각의 왜곡이나 현실적 능력, 관습적이고 경제적인 지각 능력이 없다는 P반응의 특성과 관련이 있다고 보여진다.

연령에 관한 연구들은 일관성이 없다. 연령에 따라 유의한 차이가 있다는 연구((Prados & Fried, 1947; Grossman, et al., 1951; Davidson & Kroglov, 1952)와 유의한 차이가 없다는 연구(Ames, et al., 1973; Poiternand & Moreanx, 1975; Shimonaka & Nakazato, 1991; Erstad, 1996)가 있는 데 연령별 차이에 따른 명확한 특징을 찾지 못하고 개인차가 크다고 하였다. Reichlin(1984)은 그 이유를 노인을 다른 연령 집단(어린이, 성인집단)과 비교하거나, 노인집단 내에서 연령별로 비교하기 때문에 나타난 결과라고 하며, 연대기적 연령차이와 동질적 문화적 연령차이의 비교는 다르다고 하였다. 또한 그는 노인 집단 내에서도 대상자의 거주형태, 학력, 질병 등 다양한 환경과도 무관하지 않다고 하였다.

특히 Ames 등(1973)의 연구에 의하면 연령 집단에 따른 성별의 차이는 없었으며, 연령 집단에 따라 차이를 보인 반응은 F%, F+%, M, FM, F, FC, $\sum$C, H+Hd, H%, P 등으로 나타났다. 이런 반응의 변화는 생산적이고 창의적인 사고, 협동성, 사회적 흥미나 관심이 나이가 들어감에 따라 줄어들기 때문이지만 연령보다는 개인적인 특성이나 다른 요인과 더 관계가 깊다고 할 수 있다.

양로 시설에 거주하는 노인들을 대상으로 한 연구(Klopfer, 1946; Davidon & Kruglov, 1952; Singer, 1963; Ames, et al., 1973; 下仲 등, 1985, 1989)도 있다. 특히 Ames 등(1973)은 200명의 노인들(그중의 2/3은 양로 시설 거주자)을 대상으로 한 연구에서 양로 시설 거주자와 일반 사회 거주자를 간단하게 비교해 본 결과 큰 차이가 없다고 하였다. 그러나 각 100명의 적당한 대상자를 나이, 성별, SES 등을 고려하여 비교해 본 결과, 일반 거주자들은 정상에 가깝게 분류된 반면에 양로 시설의 거주자들은 대개 노쇠로 나타났다. 정상에 가까운 일반 사회에 거주하는 노인들은 F+%, M, FM, FC, P에서 높은 반응을 보였지만 양로 시설의 노인은 F%에서 높은 반응을 보였다. 이는 사회생활이 제한된 노인들이 사고나 관심의 폭이 줄어들고 인지적인 노쇠현상이 빨리 나타나기 때문으로 보여진다. 따라서 거주환경은 노인의 료샤 검사 반응을 예상할 수 있는 중요한 요인이라고 볼 수 있다. 또 제한된 거주환경이 노인의 인지ㆍ정의적 특성에 영향을 미칠 수 있음을 시사하는 것이다.

료샤 검사를 통한 심리적 노화척도를 알아보기 위한 연구에서

강봉규(1984)는 D%가 낮고, FM이 많으며, R+%가 낮고 P가 많을 때에는 연령이 낮은 집단으로, 이와 반대는 연령이 높은 집단으로 분류하였다. 노인은 R이 적고 W%가 적으며(D%의 증가), 또 CR, ΣC가 적다고 하였고, W%는 분명히 심리적 노화와 관련이 있다고 하였다. 또 下仲 順子외 2인(1975)도 R, F%, P, F+%, CR 등은 심리적 노화를 예측할 수 있는 신호라고 하였다.

특히 노인의 인지·정의적 특성을 알아보기 위해 료샤 검사를 실시할 때에는 주의를 기울여야 한다. 감각기관의 손상으로 인한 검사의 반응은 치매 노인의 반응과 유사한 경향이 있으므로 세심한 주의가 필요하다. 또 검사의 채점방식이나 검사자세 등은 검사 결과에 영향을 준다. 따라서 노인의 료샤 검사는 노인의 지적 능력, 거주상태, 사회경제적 배경, 의학적 소견, 감각체계의 손상, 검사 접근 방식 등에 따라 다양하고 종합적으로 판단될 때 더 유용할 것이다. 이제까지 노인을 대상으로 한 료샤 검사는 노인의 규준이나 전형에 초점을 두고 주로 연구되어 왔으며, 노인들의 교육적 환경변인에 따른 연구는 아직 없었다.

Ⅲ. 연구 방법

A. 연구 대상

본 연구 대상자는 교육적 환경변인을 9개 이상 만족하고 일반 가정에 거주하는 노인 22명과 교육적 환경변인을 6개 이하로 만족하고 양로원에 거주하는 노인 22명이다.

자료처리에 있어서 양로원에 거주하는 노인 22명 중에서 3명은 제외되었다. 1명의 할머니는 자아기능 통합 측정도구에 매우 불성실하게 답하였고, 1명의 할아버지와 1명의 할머니는 료샤 검사에 있어 정상적인 지적 활동에 지장이 있어, 기계적인 반복을 계속함으로 제외하였다. 최종 연구 대상자는 19명이다.

연구 대상자의 기초 통계자료는 〈표 2〉와 같다.

〈표 2〉 연구 대상자의 기초 통계 자료

구 분		우수집단	보통집단
성 별	남	7	6
	여	15	13
	계	22	19
연 령	남	74.1	72.3
	여	72.7	79.2
	평균	73.2	77.1

〈표 2〉를 살펴보면 우수집단의 노인은 22명, 보통집단은 19명으로 여자가 남자의 2배정도로 많다. 우수집단의 평균연령은 73.2세이고 보통집단의 평균연령은 77.1세로 약 4세 정도가 많았다.

연구 대상자는 수도권에 한정하여 실시하였다. 그 이유는 수도권의 일반 가정에 거주하는 노인들이 대개 SES가 높아 교육적 환경변인을 많이 만족시키고 있고 정서적으로 안정된 편이며, 료샤 검사 반응에 흥미를 가지고 연구자에게 협조적인 태도를 보였기 때문이다.

또한 양로 시설에 거주하는 노인들을 표집하기 위해 전화로 4군데 양로원과 예비접촉을 실시하였지만 모두 비협조적이거나 거부감을 나타내었다. 그러나 경기도 산본에 위치한 E양로원에서는 자아기능 통합 측정도구의 설문 내용을 검토한 후 검사를 할 수 있도록 배려해 주었다.

B. 연구 도구

1. 자아기능 통합 측정도구

가. 예비 검사 문항과 선정과정

노인들의 자아기능 통합 측정도구를 개발하기 위한 예비 검사 문항은 노인정과 노인 대학에 다니는 노인들의 의견과 노인심리에 관한 문헌조사를 기초로 하여, Shanan(1985)의 성격유형검사, Havinghurst(1961)의 생활만족도 검사, Spielberger의 상황불안 검사, 경희대 병원 장대일 교수(1998)의 치매 초기증상, 윤가현, 송대현(1989)의 고독감 척도, 우울증 검사 등을 이용하여 59개의 문항을 구성하였다. 그 후, 노인문제에 관심이 있는 교육학과 대학원생 2명과 2차에 걸쳐 검토하고 전문가의 지도를 받아 일부 수정하였으며 예비 검사 문항은 〈부록 1〉에 제시되어 있다.

예비 검사 문항은 Likert식 가산평정척도를 사용하여 '매우 그렇다', '그렇다', '보통이다', '그렇지 않다', '매우 그렇지 않다'로 5단계로 구분하고 응답에 따라 5점, 4점, 3점, 2점, 1점을 부여하였다. 부정문항은 긍정 문항과 반대로 채점되었으며, 점수가 높을수록 자아기능 통합 정도가 높다고 볼 수 있다.

제작된 예비검사를 통해 본 검사에 사용될 문항을 선정하기 위하여 두 가지 방법을 사용하였는데, 집단 간의 차의 검증과 각 진술문항과 총점과의 상관관계를 구하는 것이다.

첫째로, 1차 문항선택은 t검증에 의해 이루어졌다. 먼저 모든 진술문항에 대한 반응의 종합인 총점(N=736, M=191, SD=23.38)을 기준으로 상위점수 25%에 해당하는 상위집단(N=190, M=220.49, SD=12.31, 총점범위 206-260)과 하위점수 25%에 해당하는 하위집단(N=190, M=162.65, SD=12.12, 총점범위 115-175)과의 각 문항간의 t검증을 하였다. 그 결과 대부분의 문항이 두 집단 간의 유의한 차이를 보였다. 그러나 문항 40, 41, 42 는 다른 문항에 비해 집단 간의 변별력이 적으므로(t<2.50) 1차 문항선택에서 부적격하다고 판단되어 제외시켰다.

둘째로, 다른 방법으로 각 진술문항과 총점과의 상관관계에 의한 상관범위를 구하였다. 전체 집단, 남자 집단, 여자 집단, 대도시 집단, 그리고 지방 집단에서의 상관관계에 의한 상관 범위를 모두 살펴보았는데 문항 29, 43, 51, 59는 역시 적당하지 않다고(r<.20) 판정되어 제외시켰다.

결과적으로 모두 59개의 문항 중에서 부적합하다고 인정이 된 문항 7개(문항 29, 40, 41, 42, 43, 51, 59)를 제외한 52문항이 자아기능 통합 측정도구의 1차 문항으로 선정되었다. 이 중 긍정적 차원의 문항은 모두 28개이고, 부정적 차원의 문항은 모두 24개이다. 모든 조사자의 각각의 문항 점수를 가산하여 총점을 구하였는데 총점의 범위는 115점에서 260점으로서 총점의 점수가 높을수록 자아기능 통합 정도가 높다고 볼 수 있다. 통계치는 〈부록 1〉에 제시되어 있다.

나. 타당도와 신뢰도 산출

측정도구의 타당성 검증을 위해 동일개념을 측정한 변수들이 동일한 요인으로 묶이는지 확인하기 위하여 직교 회전방식인 varimax 회전을 실시하였다. 그 결과 고유값이 1 이상이고, 스크리 검사에서

의미가 있는 요인은 8개 요인 47문항으로 나타났다. 결과는 〈부록 2〉에 제시되어 있다.

8개 요인들이 각각 고유한 특성을 측정하고 있는지 판단하기 위하여 각 영역별 요인에 대해 신뢰도 검증을 실시하였다. 요인별 신뢰도 계수는 .6528에서 .8877 사이로 비교적 높게 나타났지만 요인 6은 .2938로 매우 낮게 나타났다. 그 이유는 문항 33은 부정 문항임에도 불구하고 노인들이 자신을 과소평가를 하거나 비하했기 때문이다. 따라서 요인6(문항27, 33, 56, 58)을 제외하여 2차로 43문항이 선정되었다.

이 가운데 일반 노인과 양로원의 노인과의 비교가 적절치 않은 3문항(문항 18, 19, 21)을 제외하여 40문항을 본 검사 문항으로 최종적으로 선정하였다. 긍정 문항은 21문항이고 부정 문항은 19문항이다.

본 검사의 40문항의 타당도를 구하기 위해서 직교회전방식인 varimax 회전을 다시 실시하였다. 고유값이 1 이상이고, 스크리 검사에서 의미 있는 요인은 7요인으로 나타났다. 요인부하량은 .40 이상으로 요인분석의 결과는 〈부록 3〉에 제시되어 있다.

또한 각각의 7개 요인들이 고유한 특성을 측정하고 있는지를 알아보기 위하여 각 요인별 하위 문항에 대한 Cronbach α계수를 구하고 요인명명을 하였는데 〈표 3〉과 같다.

<표 3> 요인명명과 신뢰도 계수

요 인	요인명명	문항 번호 (문항수)	Cronbach α계수
1	자아통합감	1,2,3,4,5,17,18,19 (8)	.8598
2	치매증상	14,15,16,27,29,30 (6)	.8458
3	무력감	23,24,25,26,28,31,32,36 (8)	.8082
4	우울감	9,10,11,12,13 (5)	.7861
5	활동성	6,7,8,20,21,22 (6)	.7866
6	대인관계	34,35,37,40 (4)	.6677
7	상속성	33,38,39 (3)	.6528

2. 료샤 검사

교육적 환경변인에 따른 우수집단과 보통집단의 노인들의 인지·정의적 특성을 알아보고, 자아기능의 통합 및 그 하위 영역이 인지·정의적 특성에 의해 설명될 수 있는가를 밝히려는 데 사용된 검사도구는 료샤 검사 카드이다. 료샤 검사를 사용한 이유는 료샤 검사가 개인의 인지·정의적 특성을 잘 설명해 줄 수 있는 검사이고, 특히 노인들에게 반응의 스피드를 요구하거나 기억하도록 요구하지도 않고, 두려움을 주지 않으며 흥미나 호기심을 유발시키기에 좋기 때문이다(下仲 順子, 1997; Raymond,1994). 스위스의 Hans Huber출판사에서 간행한 1994년도 원판을 사용했다.

검사의 실시 절차는 먼저 분위기 조성 단계, 교시 단계, 자유연

상 단계가 있고 그 다음에 질문 단계가 있으나 지나친 질문은 피하고 피험자의 자유로운 의사표현을 중시하고 그 표현에 근거하여 채점을 하였다. 카드는 모두 10개로, 한 개의 카드에 대한 반응은 최대한 5분을 초과하지 않게 통제하였다.

검사는 연구자가 직접 실시하고, Exner(1974)가 제시한 료샤 검사 종합체계 방식을 기준으로 채점하였다. 료샤 검사 실시와 채점에 대해 배운 대학원생의 검토를 거쳐 채점 시 문제가 되는 것은 전문가와 상의해서 채점하였다.

본 연구에서는 반응위치, 반응결정인, 반응내용, 평범 반응을 이용한 반응기호와 비율 관계에 의한 통계적인 해석을 통해 검증하고자 한다.

C. 연구 절차

자아기능 통합 측정도구를 위한 예비조사는 1998년 10월 10일부터 1998년 12월 10일까지 실시하였는데 전국에 걸쳐 연구자가 조사 가능한 지역을 중심으로 임의표집을 하였다. 예비조사를 위해 설문지를 배포한 지역은 〈부록 4〉에 제시되어 있다. 연구자가 직접 노인정이나 노인대학을 방문하여 설문조사 목적을 설명하고 실시하였다.

연구자가 할 수 없는 다른 지역은 주로 대학생이나 복학 예정인

휴학생들을 설문조사원으로 활용하였다. 먼저 설문조사원들을 개별적인 접촉을 통하여 1시간에 걸쳐 본 설문조사의 취지, 노인의 특징, 설문지 조사방법 등에 대한 설명과 질의응답을 통해 충분히 이해한 후 조사하도록 하였다.

직접 접촉이 어려운 경우에는 1차 전화를 통해 30분간 설명을 하고 설문지를 우편으로 발송하였다. 조사원들은 설문지를 받은 후 설문 내용을 검토한 후 2차 전화를 통해 질의응답을 거친 후 검사를 실시하였다.

본 연구는 교육적 환경변인에 따른 비교연구이다. 집단을 구분하기 위해 먼저 〈표 1〉에서 제시한 교육적 환경변인의 만족도를 조사하였다. 그 결과 양로 시설에서 생활하는 노인들이 교육적 환경변인 12개 중에서 최고 5-6개를 만족하므로 6개를 기준으로 정하였다. 따라서 12개변인 중 50%인 6개 이하의 변인을 만족하며 양로 시설에 거주하는 노인과 75%인 9개 이상을 만족하며 일반 가정에 거주하는 노인, 2집단으로 구분하였다.

이후부터는 교육적 환경변인을 9개 이상 만족하고 일반 가정에 거주하는 노인들을 우수집단, 교육적 환경변인을 6개 이하 만족하고 양로원에 거주하는 노인들을 보통집단이라고 칭하여 사용한다.

본 검사는 1999년 1월 5일부터 1999년 2월 12일까지 실시하였다. 검사 실시에 있어서 일반 가정에 거주하는 노인들은 주로 오전 11시경에 노인정이나 가정을 방문하여 밝고 조용한 방에서 일대일로 실시하였다. 양로원에 거주하는 노인들은 오전 11시경에 양로원에 마련된 상담실과 방에서 일대일로 실시하였고, 행사가 계획된 주간에는 오후 1시 30분경에 실시하였다.

검사 방법은 본 연구자가 직접 노인정, 가정 그리고 양로원을 방문하여 검사의 목적을 설명하고 실시하였다. 검사의 시행에 있어 검사의 순서를 결정하는 것이 중요하다. 박영숙(1994)은 료샤 검사는 피검자가 피로해지기 전에 다른 검사에 앞서 실시하는 것에 대한 효과의 검토가 필요하다고 제안하였다.

특히 보통집단 노인들은 설문지를 해 본 경험이 많았고, 연구 대상자가 노인임으로 피로도를 감안하여, 검사의 흥미를 유발시키기 위해서 료샤 검사를 먼저 실시하였다. 자아기능 통합 측정도구에 관한 설문지는 나중에 실시하였는데 설문지를 스스로 할 수 있는 노인은 혼자서 하였고, 글을 못 읽거나 힘들어하는 노인은 연구자가 읽어 주었다.

D. 자료 처리 방법

예비연구에서는 문항 선정을 위해 자아기능 통합 총점을 기준으로 상위 25%와 하위 25%와의 집단 간 t검증을 실시히어 번별력을 떨어뜨리는 문항을 제거하였다. 또 각 예비문항과 총점과의 상관계수를 이용해 5개 집단의 상관 범위를 구하여 총점과 각 문항의 상관이 낮은 문항을 제거해 문항의 동질성을 높였다. 요인분석을 실시하고 Cronbach α계수를 구하여 검사도구의 타당도와 신뢰도를 검증하였다.

노년기의 교육적 환경변인에 따라 자아기능 통합 및 그 하위 영역과 인지·정의적 특성에 차이가 있는지를 알아보기 위해서 t검증을 실시하였다. 또 자아기능 통합 및 그 하위영역이 로샤 검사에 나타난 인지·정의적 특성과 어떤 관계가 있는지를 알아보기 위해서 단계별 회귀분석(stepwise regression analysis)을 실시하여 자아기능 통합 및 그 하위 영역이 로샤 검사 반응 변인에 의해 설명되어질 수 있는지 알아보았다.

분석에 이용한 통계 프로그램은 SPSSWIN, SAS 통계프로그램이며, 본 연구에서 사용한 유의 수준은 $P < .05$이었다.

Ⅳ. 결과 및 논의

A. 연구의 결과

1. 자아기능 통합의 차이

교육적 환경변인에 따른 우수집단과 보통집단 간의 자아기능 통합과 그 하위 영역 간에는 차이가 있는지를 알아보기 위해 집단의 평균과 표준편차를 산출하고 그 평균 차의 유의도 검증을 하였다. 그 결과는 〈표 4〉와 같다.

〈표 4〉 우수 집단과 보통집단과의 자아기능 통합 t검증

자아기능 통합	우수집단	보통집단	t
자아기능 통합총점	135.04(13.70)	117.42(12.07)	4.091*
자아통합감	28.27(3.82)	25.05(3.67)	2.740*
치매증상	19.27(3.91)	16.21(5.13)	2.168*
무력감	26.82(4.56)	23.63(4.04)	2.349*
우울감	17.05(2.63)	15.63(3.11)	1.578
활동성	19.68(3.27)	18.21(3.34)	1.422
대인관계	13.95(2.50)	11.21(2.39)	3.576*
상속성	9.00(2.74)	7.47(1.71)	2.584*

( )은 표준편차임

〈표 4〉에 의하면 자아기능 통합 총점에 있어서 우수집단 (M=135.04)은 보통집단(M=117.42)보다 자아기능 통합 총점이 높은 것으로 나타났는데, 이러한 차이는 통계적으로 유의한 것으로 나타났다(t=4.10, p<.05).

이를 하위 영역별로 자세히 살펴보면, 자아통합감에 있어서 우수집단(M=28.27)과 보통집단(M=25.05) 간에는 유의한 차이를 보이고 있어(t=2.74, p<.05), 우수집단의 노인들이 보통집단보다 자아통합감이 높은 것을 알 수 있다. 치매증상에 있어서 우수집단 (M=19.27)과 보통집단(M=16.21) 간에 유의한 차이를 보이고 있어(t=2.17, p<.05), 우수집단의 노인들이 보통집단의 노인들보다 치매증상을 덜 느끼는 것으로 나타났다. 무력감에 있어서 우수집단(M=26.28)과 보통집단(M=23.63) 간에는 유의한 차이를 보이고 있어(t=2.35, p<.05), 우수집단의 노인들이 보통집단의 노인들에 비해 무력감을 덜 느끼는 것으로 조사되었다. 대인관계에 있어서 우수집단(M=13.95)과 보통집단(M=11.21) 간에는 유의한 차이를 보이고 있어(t=3.58, p<.05), 우수집단의 노인들이 보통집단의 노인들보다 사람들을 쉽게 사귀고 이야기가 통하는 사람이 많고 대인관계가 더 잘 이루어지고 있는 것으로 나타났다. 상속성에 있어서 우수집단(M=9.00)과 보통집단(M=7.47) 간에도 유의한 차이를 보이고 있어서(t=2.58, p<.05), 우수집단의 노인들이 보통집단의 노인들보다 후손이나 후세에 유·무형적인 재산을 남기고 싶어 하는 경향이 많은 것으로 나타났다.

우울감과 활동성에 있어서는 우수집단과 보통집단 간에 유의한 차이가 없었는데(t=1.58, t=1.42) 이것은 아마도 교육적인 환경변인보다는 개인적인 성격 특성이나 다른 요인과 더 관련이 있는 것 같다.

이와 같은 결과를 종합해 볼 때 우수집단의 노인들이 보통집단의 노인들에 비해서 자아통합감이 대체로 높으며 치매증상이 덜 나타나고 무력감도 덜 느끼며 대인관계도 원만하다고 볼 수 있으며, 일생의 기록을 남기거나 소중한 것을 누군가에게 물려주고 싶은 성향이 더 많은 것을 알 수 있다. 그러나 우울감과 활동성에 있어서는 별 차이를 보이지 않았다.

자아기능 통합 총점에서는 교육적 환경변인이 우수한 일반 가정에 거주하는 노인들이 교육적 환경변인이 보통인 양로 시설에 거주하는 노인들보다 높게 나타났다. 따라서 우수집단의 노인들이 보통집단의 노인들보다 자아기능 통합이 더 잘 이루어지고 있다고 볼 수 있다.

2. 인지 · 정의적 특성의 차이

교육적 환경변인에 따른 우수집단과 보통집단 간에 인지 · 정의적 특성에는 차이가 있는지를 알아보기 위해 집단의 평균과 표준편차를 산출하고 그 평균 차의 유의도 검증을 하였다. 전체 반응에 대한 기초 자료는 〈부록 5〉에 제시되어 있고, 반응 기호별 결과는 〈표 5〉와 같다.

〈표 5〉 우수집단과 보통집단의 반응 기호별 t검증

반응별	우수집단	보통집단	t
R	23.64(8.93)	14.26(3.11)	4.610*
W%	0.28(0.15)	0.32(0.14)	0.799
S%	0.04(0.04)	0.07(0.09)	1.355
F%	0.46(0.17)	0.45(0.18)	0.196
(FV+F+FT)%	0.52(0.14)	0.49(0.10)	0.783
M%	0.05(0.04)	0.12(0.10)	2.725*
H%	0.05(0.04)	0.09(0.10)	1.890
A%	0.68(0.22)	0.67(0.21)	0.142
Dd%	0.12(0.07)	0.12(0.08)	0.350
ΣC	2.14(1.70)	1.26(0.96)	2.059*
At	0.82(1.68)	0.16(0.37)	1.793
P	5.41(1.59)	3.16(1.26)	4.962*

〈표 5〉에서 보는 바와 같이 우수집단과 보통집단이 료샤 검사의 반응기호에 있어서 R, M%, ΣC, P반응에 차이를 보이고 있고, 그 외의 반응에는 차이를 보이지 않았다.

반응 기호별로 자세히 살펴보면, R(총반응수)에 있어서 우수집 단(M=23.64)과 보통집단(M=14.26) 간에는 유의한 차이를 보이고 있고(t=4.61, p<.05), P에 있어서도 우수집단(M=5.41)과 보통집단(M=3.16) 간에는 유의한 차이를 보이고 있다(t=4.96, p<.05). ΣC에 있어서도 우수집단(M=2.14)과 보통집단(M=1.26) 간에는

유의한 차이를 보이고 있다(t=2.06, p<.05). 특히 M반응에서는 집단 간의 유의한 차이가 없으나 M% (M/R*100)에 있어서는 우수집단(M=0.05)과 보통집단(M=0.12)에는 유의한 차이를 보이고 있다(t=2.73, p<.05).

이와 같은 결과에 비추어 볼 때, 우수집단의 노인들이 보통집단의 노인들에 비해서 R(총반응수)이 더 많다. R은 일반적으로 지적 수준을 나타내는 특성으로 한국 성인의 평균 반응수는 11-27개이다. 따라서 우수집단의 노인들이 주의집중을 잘하며 야심적이고 지능도 더 높고 덜 억제적이고 상상력이 더 풍부하다고 볼 수 있다. P(평범반응)는 평균 5-8개로 일반적으로 현실유대감이나 관습적 지각과 관련되어 있다. 따라서 우수집단의 노인들이 보통집단의 노인들보다 조금 더 현실적이고 경제적이고 관습적인 방식으로 반응하며 대인관계를 이루고 있다고 보여진다.

M%는 보통집단의 노인이 우수집단의 노인보다 더 많다. M반응은 다른 운동반응과 같이 투사가 일어나는 반응으로 대인 행동 및 대인관계의 효율성과 관계가 있는 것이 특징이다. R에 의한 M%로 볼 때, 보통집단의 노인들이 우수집단의 노인들에 비해 더 높은 것은 노년기 세대로 구성되어 단체 생활을 하며 날마다 일상 속에서 비슷한 감정이나 사상을 공유하고, 밀접하고 잦은 접촉을 통해 고립감을 덜 느끼거나 대인관계에 민감함으로 대인행동이나 대인관계에 있어 효율적으로 대처하기 때문인 것 같다.

∑C는 환경반응성에 대한 지표로서 3보다 적으면 외부 환경의

영향에 대한 반응성이 둔하다고 볼 수 있는데, 두 집단 모두 다 3
보다 적은 것으로 보아 외부환경의 영향에 대한 반응성이 둔감하
다고 볼 수 있다. 그러나 우수집단의 노인보다 보통집단의 노인들
이 외부환경의 영향을 덜 받으므로 조금 더 둔감하다고 보여진다.

료샤 검사의 각 반응들은 그 자체만으로도 어떤 일반적인 의미
를 갖고 있으나, 다른 반응들과 서로 관련되어질 때, 더 특수한 의
미를 갖게 되거나 개성적인 의미를 가질 수 있으므로 비율 관계에
따른 해석은 중요하다. 료샤 검사의 비율 관계에 따른 평균 차의
유의도 검증의 결과는 〈표 6〉과 같다.

〈표 6〉 우수 집단과 보통집단의 비율 관계별 t검증

비율관계별	우수 집단	보통집단	t
W:D	2.82(1.70)	2.23(1.29)	1.255
W:M	0.24(0.25)	0.41(0.38)	1.685
ΣC:M	0.57(0.65)	1.35(1.78)	1.921
F:(FV+FT)	0.17(0.52)	0.16(0.46)	0.081
FC:(CF+C)	0.51(0.89)	0.29(0.65)	0.903
FM:M	0.42(0.68)	0.52(0.79)	0.435
(FM+m):M	0.36(0.67)	0.66(0.90)	1.225
(VIII+IX+X/R)%	0.33(0.05)	0.34(0.08)	0.537
(FT+T+C'):(FM+m)	2.04(3.01)	1.39(2.46)	0.751
(H+A):(Hd+Ad)	0.89(1.35)	0.36(0.38)	1.703
유채색:무채색	0.53(0.62)	0.51(0.67)	0.301
CR	7.27(3.61)	5.32(1.16)	2.401*

〈표 6〉에서 보는 바와 같이 우수집단과 보통집단에 있어서의 비율관계별 평균 차의 유의도 검증에 있어서는 CR(내용범위) 한 가지만 차이를 보였다(t=2.40, p<.05).

이와 같은 결과로 볼 때, CR은 지능수준을 나타내는 지표로 우수집단의 노인들이 보통집단의 노인들에 비해 지능 수준이 높으며 관심의 폭이 넓어 반응내용이 다양함을 알 수 있다. 이것은 앞의 기호별 해석에서의 R에서도 알 수 있듯이 우수집단의 노인들이 보통집단의 노인들보다 사고의 폭이 넓으며 상상력이 많은 것과 상관이 있다.

결론적으로 교육적 환경변인을 많이 만족하는 우수집단의 노인들이 보통집단의 노인들보다 인지적 기능이 우수하거나 지능의 쇠퇴가 덜 일어나고, 사고나 관심의 폭이 넓고 다양하다. 또 현실적이고 관습적인 방식으로 반응하며 대인관계를 잘 이루고 있으며 외부 환경에 민감하게 반응하는 것으로 나타났다.

그러나 M%로 미루어 볼 때, 보통집단의 노인들이 정서적으로 안정되어 있는 것으로 나타났다. 이는 특히 표집이 된 E양로원이 물리적 시설환경, 믿음으로 인한 심리적 환경, 복지여건, 인간적인 대우 등이 다른 양로원에 비해서 매우 우수해서 이곳의 노인들이 정서적으로나 심리적으로 안정감을 느끼고 있는 데서 오는 결과가 아닐까 한다.

3. 자아기능 통합 측정과 인지 · 정의적 특성과의 관계

자아기능 통합 및 그 하위영역인 자아통합감, 치매증상, 무력감, 우울감, 활동성, 대인관계, 상속성 등을 설명할 수 있는 인지 · 정의적 특성 변인들을 알아보기 위해 료샤 검사 반응 변인을 독립변인, 자아기능 통합 및 그 하위 영역을 종속변인으로 하여 단계별 회귀분석(stepwise regression analysis)을 실시하였다.

투입된 독립변인은 료샤 검사 반응 변인으로, W(전체반응), D(부분반응), Dd(드문부분반응), S(공백반응), M(인간운동반응), FM(동물운동반응), m(무생물운동반응), F(형태반응), FC(형태색채반응), CF(색채형태반응), C(순수색채반응), FC'(형태무채색반응), C'F(무채색형태반응), C'(순수무채색반응), FT(형태재질반응), TF(재질형태반응), T(순수재질반응), FV(형태차원반응), VF(차원형태반응), V(순수차원반응), FY(형태확산반응), YF(확산형태반응), Y(순수확산반응), R(총반응수), P(평범반응), CR(내용범위), (VIII+IX+X/R)%, ΣC로 모두 28개 반응변인들이다.

단계선택 방법에 의한 기준은 모두 입력할 F의 확률이 ≤.050이고, 제거할 F의 확률은 ≥.050이다. 결과에서 F변화량과 관계되어 제시되는 자유도 1은 분자의, 자유도 2는 분모의 자유도이다.

인지 · 정의적 특성 변인에 따른 자아기능 통합에 대한 단계별 회귀분석의 결과는 〈표 7〉과 같다.

〈표 7〉 인지·정의적 특성 변인에 따른 자아기능 통합의 회귀분석 결과

모형	R	R제곱	수정된 R제곱	추정값의 표준오차	통계량 변화량				
					R제곱 변화량	F변화량	자유도1	자유도2	유의확률 F변화량
1	.428a	.183	.162	14.0198	.183	8.739	1	39	.005
2	.533b	.285	.247	13.2914	.102	5.391	1	38	.026
3	.612c	.374	.323	12.5989	.090	5.292	1	37	.027
4	.703d	.494	.438	11.4817	.120	8.559	1	36	.006

a. 예측값: (상수), P
b. 예측값: (상수), P, FT
c. 예측값: (상수), P, FT, Y
d. 예측값: (상수), P, FT, Y, FC
e. 종속변수: 자아기능 통합

〈표 7〉의 R제곱 변화량에 의하면 투입된 28개의 반응 변인들 중에서 모형1 P가 홀로 .183, 모형2 FT가 홀로 .102, 모형3 Y가 홀로 .090, 모형4 FC가 홀로 .120 정도로 종속변수인 자아기능 통합을 설명하고 있다. 이때, 모형1이 종속변수를 설명해 주는 양은 18.3%, 모형1에 독립변수 FT가 추가되었을 때 종속변수를 설명해 주는 양은 28.5%, 모형2에 독립변수로 Y가 추가되었을 때 종속변수를 설명해 주는 양은 37.4%, 마지막으로 모형3에 FC가 추가되었을 때 종속변수를 설명해 주는 양은 49.4%이다. 그리고 이때 모형4의 회귀계수는 〈표 8〉과 같다.

〈표 8〉 모형4의 회귀계수 결과

모형4	b	표준오차	β	t
(상수)	111.473	4.798		23.232
P(평범반응)	3.585	1.138	.428	3.149*
FT(형태재질)	-9.796	2.639	-.518	-3.712*
Y(순수확산)	-36.386	11.958	-.371	-3.043*
FC(형태색채)	4.579	1.566	.412	2.924*

〈표 8〉에서 보는 바와 같이 모형4에서 독립변수로 투입된 P, FT, Y, FC는 통계적으로 유의미한 값이다. 따라서 모형4의 회귀계수인 P의 3.585, FT의 -9.796, Y의 -36.386, FC의 4.579는 의미 있는 회귀계수라고 할 수 있다.

인지·정의적 특성 변인에 따른 자아기능 통합의 하위 영역인 자아통합감에 대한 단계별 회귀분석의 결과는 〈표 9〉와 같다.

〈표 9〉 인지·정의적 특성 변인에 따른 자아통합감의 회귀분석 결과

모형	R	R제곱	수정된 R제곱	추정값의 표준오차	통계량 변화량				
					R제곱 변화량	F변화량	자유도1	자유도2	유의확률 F변화량
1	.356a	.127	.104	3.8300	.127	5.654	1	39	.022

a. 예측값: (상수), C
b. 종속변수: 자아통합감

〈표 9〉의 R제곱 변화량에 의하면 투입된 28개의 반응 변인들 중에서 모형1 C가 홀로 .127 정도로 종속변수인 자아통합감을 설

명하고 있다. 이때, 모형1이 종속변수를 설명해 주는 양은 12.7%
이다. 그리고 이때 모형1의 회귀계수는 〈표 10〉과 같다.

〈표 10〉 모형1의 회귀계수 결과

모형1	b	표준오차	β	t
(상수)	27.103	.613		44.192
C(순수색채)	-6.603	2.777	-.356	-2.378*

〈표 10〉에서 보는 바와 같이 모형1에서 독립변수로 투입된 C는
통계적으로 유의미한 값이다. 따라서 모형1의 회귀계수인 C의 -
6.603은 의미 있는 회귀계수라고 할 수 있다.

인지·정의적 특성 변인에 따른 치매증상에 대한 단계별 회귀분
석의 결과는 〈표 11〉과 같다.

〈표 11〉 인지·정의적 특성 변인에 따른 치매증상의 회귀분석 결과

모형	R	R제곱	수정된 R제곱	추정값의 표준오차	통계량 변화량				
					R제곱 변화량	F변화량	자유도1	자유도2	유의확률 F변화량
1	.370a	.137	.115	4.4361	.137	6.181	1	39	.017
2	.476b	.226	.186	4.2544	.090	4.403	1	38	.043

a. 예측값: (상수), FC
b. 예측값: (상수), FC, CF
c. 종속변수: 치매증상

〈표 11〉의 R제곱 변화량에 의하면 투입된 28개의 반응 변인들

중에서 모형1 FC가 홀로 .137, 모형2 C'F가 홀로 .090 정도로 종속변수인 치매증상을 설명하고 있다. 이때, 모형1이 종속변수를 설명해 주는 양은 13.7%, 모형1에 독립변수 C'F가 추가되었을 때 종속변수를 설명해 주는 양은 22.6%이다. 그리고 이때 모형2의 회귀계수는 〈표 12〉와 같다.

〈표 12〉 모형2의 회귀계수 결과

모형2	b	표준오차	β	t
(상수)	17.057	.936		18.228
FC(형태색채)	1.406	.493	.410	2.851*
C'F(무채형태)	-1.831	.873	-.302	-2.098*

〈표 12〉에서 보는 바와 같이 모형2에서 독립변수로 투입된 FC, C'F는 통계적으로 유의미한 값이다. 따라서 모형2의 회귀계수인 FC의 1.406, C'F의 -1.831은 의미 있는 회귀계수라고 할 수 있다.

인지·정의적 특성 변인에 따른 무력감에 대한 단계별 회귀분석의 결과는 〈표 13〉과 같다.

〈표 13〉 인지·정의적 특성 변인에 따른 무력감의 회귀분석 결과

모형	R	R제곱	수정된 R제곱	추정값의 표준오차	통계량 변화량				
					R제곱 변화량	F변화량	자유도1	자유도2	유의확률 F변화량
1	.475a	.226	.206	4.0711	.226	11.394	1	39	.002

a. 예측값: (상수), R
b. 종속변수: 무력감

64

〈표 13〉의 R제곱 변화량에 의하면 투입된 28개의 반응 변인들 중에서 모형1 R이 홀로 .226 정도로 종속변수인 무력감을 설명하고 있다. 이때, 모형1이 종속변수를 설명해 주는 양은 22.6%이다. 그리고 이때 모형1의 회귀계수는 〈표 14〉와 같다.

〈표 14〉 모형1의 회귀계수 결과

모형1	b	표준오차	β	t
(상수)	20.281	1.628		12.454
R(총반응수)	.262	.078	.475	3.375*

〈표 14〉에서 보는 바와 같이 모형1에서 독립변수로 투입된 R은 통계적으로 유의미한 값이다. 따라서 모형1의 회귀계수인 R의 .262는 의미 있는 회귀계수라고 할 수 있다.

인지·정의적 특성 변인에 따른 우울감에 대한 단계별 회귀분석의 결과는 〈표 15〉와 같다.

〈표 15〉 인지·정의적 특성 변인에 따른 우울감의 회귀분석 결과

모형	R	R세곱	수정된 R제곱	추정값의 표준오차	통계량 변화량				
					R제곱 변화량	F변화량	자유도1	자유도2	유의확률 F변화량
1	.332a	.110	.087	2.7844	.110	4.822	1	39	.034

a. 예측값: (상수), FM
b. 종속변수: 우울감

〈표 15〉의 R제곱 변화량에 의하면 투입된 28개의 반응 변인들 중에서 모형1 FM이 홀로 .110 정도로 종속변수인 우울감을 설명하고 있다. 이때, 모형1이 종속변수를 설명해 주는 양은 11.0%이다. 그리고 이때 모형1의 회귀계수는 〈표 16〉과 같다.

〈표 16〉 모형1의 회귀계수 결과

모형1	b	표준오차	β	t
(상수)	14.920	.798		18.690
FM(동물운동)	.317	.144	.332	2.196*

〈표 16〉에서 보는 바와 같이 모형1에서 독립변수로 투입된 FM은 통계적으로 유의미한 값이다. 따라서 모형1의 회귀계수인 FM의 .317은 의미 있는 회귀계수라고 할 수 있다.

인지·정의적 특성 변인에 따른 대인관계에 대한 단계별 회귀분석의 결과는 〈표 17〉과 같다.

〈표 17〉 인지·정의적 특성 변인에 따른 대인관계의 회귀분석 결과

모형	R	R제곱	수정된 R제곱	추정값의 표준오차	통계량 변화량				
					R제곱 변화량	F변화량	자유도1	자유도2	유의확률 F변화량
1	.362a	.131	.109	2.6318	.131	5.882	1	39	.020
2	.498b	.248	.209	2.4798	.117	5.929	1	38	.020

a. 예측값: (상수), P
b. 예측값: (상수), P, FT
c. 종속변수: 대인관계

〈표 17〉의 R제곱 변화량에 의하면 투입된 28개의 반응 변인들 중에서 모형1 P가 홀로 .131, 모형2 FT가 홀로 .117 정도로 종속 변수인 대인관계를 설명하고 있다. 이때, 모형1이 종속변수를 설명해 주는 양은 13.1%, 모형1에 독립변수 FT가 추가되었을 때 종속 변수를 설명해 주는 양은 24.8%이다. 그리고 이때 모형2의 회귀계수는 〈표 18〉과 같다.

〈표 18〉 모형2의 회귀계수 결과

모형2	b	표준오차	β	t
(상수)	9.953	1.022		9.736
P(평범반응)	.784	.235	.514	3.340*
FT(형태재질)	-1.290	.530	-.375	-2.435*

〈표 18〉에서 보는 바와 같이 모형2에서 독립변수로 투입된 P, FT는 통계적으로 유의미한 값이다. 따라서 모형2의 회귀계수인 P의 .784, FT의 -1.290은 의미 있는 회귀계수라고 할 수 있다.

인지·정의적 특성 변인에 따른 활동성에 대한 단계별 회귀분석의 결과는 〈표 19〉와 같다.

<표 19> 인지·정의적 특성 변인에 따른 활동성의 회귀분석 결과

모형	R	R제곱	수정된 R제곱	추정값의 표준오차	통계량 변화량				
					R제곱 변화량	F변화량	자유도1	자유도2	유의확률 F변화량
1	.329a	.108	.085	3.2010	.108	4.723	1	39	.036
2	.525b	.276	.237	2.9225	.168	8.788	1	38	.005
3	.619c	.384	.334	2.7320	.108	6.483	1	37	.015
4	.683d	.466	.407	2.5778	.082	5.559	1	36	.024
5	.728e	.531	.464	2.4510	.065	4.823	1	35	.035
6	.772f	.597	.525	2.3055	.066	5.557	1	34	.024

a. 예측값: (상수), F
b. 예측값: (상수), F, FT
c. 예측값: (상수), F, FT, W
d. 예측값: (상수), F, FT, W, CF
e. 예측값: (상수), F, FT, W, CF, VF
f. 예측값: (상수), F, FT, W, CF, VF, Dd
g. 종속변수: 활동성

　〈표 19〉의 R제곱 변화량에 의하면 투입된 28개의 반응 변인들 중에서 모형1 F가 홀로 .108, 모형2 FT가 홀로 .168, 모형3 W가 홀로 .108, 모형4 CF가 홀로 .082, 모형5 VF가 홀로 .065, 모형6 Dd가 홀로 .066 정도로 종속변수인 활동성을 설명하고 있다. 이때, 모형1이 종속변수를 설명해 주는 양은 10.8%, 모형1에 독립변수 FT가 추가되었을 때 종속변수를 설명해 주는 양은 27.6%, 모형2에 독립변수로 W가 추가되었을 때 종속변수를 설명해 주는 양은 38.4%, 모형3에 독립변수로 CF가 추가되었을 때 종속변수를 설명해 주는 양은 46.6%, 모형4에 독립변수로 VF가 추가되었을 때 종속변수를 설명해 주는 양은 53.1%, 마지막으로 모형5에 Dd가 추

가되었을 때 종속변수를 설명해 주는 양은 59.7%이다. 그리고 이 때 모형6의 회귀계수는 〈표 20〉과 같다.

〈표 20〉 모형6의 회귀계수 결과

모형6	b	표준오차	β	t
(상수)	15.778	.929		16.985
F(형태반응)	.359	.102	.534	3.519*
FT(형태재질)	-1.717	.486	-.415	-3.532*
W(전체반응)	.533	.143	.521	3.737*
CF(색채형태)	-1.256	.438	-.428	-2.869*
VF(차원형태)	3.638	1.194	.389	3.048*
Dd(드문부분)	-.534	.227	-.369	-2.357*

〈표 20〉에서 보는 바와 같이 모형4에서 독립변수로 투입된 F, FT, W, CF, VF, Dd는 통계적으로 유의미한 값이다. 따라서 모형 6의 회귀계수인 F의 .359, FT의 -1.717, W의 .533, CF의 -1.256, VF의 3.638, Dd의 -.534는 의미 있는 회귀계수라고 할 수 있다.
인지·정의적 특성 변인에 따른 상속성에 대한 단계별 회귀분석 의 결과는 〈표 21〉과 같다.

〈표 21〉 인지·정의적 특성 변인에 따른 상속성의 회귀분석 결과

모형	R	R제곱	수정된 R제곱	추정값의 표준오차	통계량 변화량				
					R제곱 변화량	F변화량	자유도1	자유도2	유의확률 F변화량
1	.420a	.176	.155	1.8524	.176	8.354	1	39	.006
2	.571b	.327	.291	1.6969	.150	8.475	1	38	.006

a. 예측값: (상수), R
b. 예측값: (상수), R, C'F
c. 종속변수: 상속성

〈표 21〉의 R제곱 변화량에 의하면 투입된 28개의 반응 변인들 중에서 모형1 R이 홀로 .176, 모형2 C'F가 홀로 .150 정도로 종속 변수인 상속성을 설명하고 있다. 이때, 모형1이 종속변수를 설명해 주는 양은 17.6%, 모형1에 독립변수 C'F가 추가되었을 때 종속변 수를 설명해 주는 양은 32.7%이다. 그리고 이때 모형2의 회귀계수 는 〈표 22〉와 같다.

〈표 22〉 모형2의 회귀계수 결과

모형2	b	표준오차	β	t
(상수)	6.545	.683		9.581
R(총반응수)	.115	.033	.472	3.516*
C'F(무채형태)	-1.013	.348	-.391	-2.911*

〈표 22〉에서 보는 바와 같이 모형2에서 독립변수로 투입된 R, C'F는 통계적으로 유의미한 값이다. 따라서 모형2의 회귀계수인 R

의 .115, C'F의 −1.013은 의미 있는 회귀계수라고 할 수 있다.

B. 논 의

1. 자아기능 통합과 하위영역

본 연구에서 밝혀진 연구 결과를 선행 연구와 관련지어 심리사회적 안정감과 정신건강적 안정감으로 크게 두 부분으로 나누어 논의하면 다음과 같다.

첫째로, 심리사회적 안정감은 자아통합감, 활동성, 대인관계, 상속성으로 이루어졌다. Neugarten(1961)은 생활만족도는 성공적인 노화의 귀결로서 얻어지는 심리적인 안녕 상태로써 매일의 생활을 구성하는 활동으로부터 기쁨을 느끼고, 자신의 생활에 대해 의미와 책임을 느끼며, 자신의 목적을 성취하였다고 느끼고, 긍정적인 자아상을 지니고 자신을 가치 있는 존재로 여기는 낙천적인 태도와 감정을 유지하는 것이라고 정의하였다.

Erikson(1963)은 노년기를 지나온 생애가 의미가 있었는가 하는 문제를 해결하는 시기로 보았으며, 위기의식 속에서 내석 부생을 통한 성숙과정을 거쳐 자신의 가치를 되찾는 계기가 된다고 하였다. 이때 심리적인 안정과 적응으로 행복과 만족보다 더 근원적인 자성의 태도를 갖는데 이것이 바로 자아통합감이다. 이런 맥락에서 볼 때 자아통합감은 애매모호하고 추상적이지만 노인의 감정이나 태도를 측정할 수 있는 생활만족도와 일맥상통하는 것이다.

본 연구에서 교육적 환경이 우수한 일반 가정의 노인들이 그렇지 않은 양로 시설의 노인들에 비해 자아통합감이 높게 나타났다. 이는 정규적인 단체모임이나 노인학교에 참여할수록 생활만족도에 큰 영향을 끼친다는 김수연(1987), 정용희(1989), 서병준(1997)의 연구와 회고나 취미생활을 하는 노인일수록 자아통합감이 높다는 Newbern(1992), 황미혜(1993)의 연구들과 일치한다.

교육적 환경변인을 많이 충족시키면서 생활하는 노인들일수록 자아통합감이 높은 것으로 보아 노년기의 교육적 환경은 매우 중요함을 알 수 있고, 노년기의 교육도 매우 필요하다고 보여진다. 자아통합감은 객관적인 만족인 동시에 주관적인 만족으로도 볼 수 있으므로 노년기 교육이나 활동을 통해 자기 자신에 대한 자아존중감 높이기, 상황이나 사물에 대한 인식의 전환, 회고요법이나 인지상담 등으로 자신의 가치를 재조명할 수 있고 자아통합감을 더 만족시킬 수 있을 것이다.

교육적 환경이 우수한 노인들이 그렇지 않은 양로 시설의 노인들에 비해 활동성에 있어 유의한 차이가 없는 것으로 나타났다. 이러한 결과는 정기적인 모임이나 종교활동, 자발적인 사회활동에 참여하는 노인들이 활동적이라고 한 Martinson(1982), 서병숙(1988)의 연구와 일치하지 않는다. 따라서 활동성은 교육적인 환경변인보다는 노인들의 고유한 성격이나 다른 변인과 더 관련이 많은 것 같다.

또 교육적 환경이 우수한 노인들이 그렇지 않은 양로 시설의 노인들에 비해 대인관계가 원만한 것으로 나타났다. 이러한 결과는 사회생활이 제한된 노인은 인간관계가 힘들다고 한 Mostakas과 May(최은선, 1992에서 재인용)와 일치한다. 교육적 환경이 보통인 양로 시설의 노인들이 대인관계가 자연스럽지 않은 것은 물론 개인의 성격과도 상관이 있지만, 사회·관계적인 교육적 욕구가 충족되어지지 않는 데서 오는 고립감, 소외감, 자기비하 등으로 대인관계가 폐쇄되는 데 그 원인이 있다고 보여진다. 따라서 양로원의 노인들이 사회·관계적 교육적 욕구를 충족시킬 수 있는 교육적 환경이 조성되어야 한다. 그 일환으로 양로 시설의 노인들이 외부 단체나 기관 등과 결연을 맺고 서로 교류한다거나, 노년기 교육현장에 자발적으로 참여해 욕구를 만족시키고 적절한 인간관계를 유지시켜 고독감, 소외감 등을 줄이도록 노력해야 한다.

본 연구에서 우수집단의 노인들은 비교집단에 비해 상속성이 유의하게 높았는데, 한국 가족의 상속 의식에 관한 문영소(1997)의 연구 결과와 비교해 볼 때 시사하는 바가 크다. 그의 연구 결과에 따르면 교육수준이 높은 집단이 낮은 집단에 비해 애착이 가는 자녀에게, 생존 상속을, 도움을 필요로 하는 자녀에게 우선적으로 상속하기를 원한다고 하였다. 이는 교육적 환경변인을 많이 충족하는 사람들이 변화하는 사회, 가치관이나 태도, 성역활 등에 잘 적응하고 현명하게 대처한다고 볼 수 있다.

이렇게 볼 때 교육적 환경이 우수한 노인들은 교육적 욕구를 많이 충족하기 때문에 자아통합감이 높고, 대인관계도 원만하며 사회 변화에 긍정적으로 잘 적응하는 등 심리사회적으로 더 안정되어 있다고 볼 수 있다.

둘째로, 정신건강적 안정감은 치매증상, 무력감, 우울감으로 이루어졌다. 치매는 노인의 대표적인 정신 장애로 우리나라 노인들은 치매에 관해 매우 관심이 높은 편이다. 본 연구에서는 교육적 환경이 우수한 노인이 그렇지 못한 노인에 비해 치매 증상이 낮은 것으로 나타났으며, 이것은 이윤로, 박종한(1996)의 연구와 일치한다. 교육적 환경에 많이 노출이 되는 노인들이 정신적·인지적 기능의 쇠퇴가 덜 일어나기 때문에 치매증상이 덜 나타나는 것으로 볼 수 있고, 노년기의 계속적인 교육, 사회활동이나 교육적 환경 조성은 매우 중요하고 또 필요하다.

무력감에 있어 교육적 환경이 우수한 노인들이 그렇지 않은 양로 시설의 노인들보다 무력감을 덜 느끼는 것으로 나타나 Roy(1976)와 김조자 외 2인(1992)의 연구와 일치한다. 이는 교육적 환경이 좋으면 자신의 욕구를 만족시키기 좋은 여건으로 인해 동기 유발도 잘 되고 자신감도 생겨, 신체적·심리적인 힘도 더 얻게 되어 무력감을 덜 느끼기 때문으로 보여진다. 한편 양로 시설의 보통집단 노인들은 자신의 욕구를 충족시킬 능력도 없고 형편도 따라주지 못하며 통제된 생활 속에서 틀에 박혀 안이하게 살고 있으므로 자연히 욕구나 동기가 감소되고 의욕도 사라져 무력하게 되는 것이다.

또한 우울감도 노인들에게 흔히 나타나는 정서장애인데 교육적 환경이 우수한 노인들과 그렇지 않은 노인들 간의 유의한 차이는 보이지 않았다. 이런 결과는 거주형태에 따른 양로 시설노인과 일반노인과의 우울을 비교한 박병탁 외 3인(1990), 서효석(1992)과 김승혜(1992)의 연구와는 일치한다. 이는 양로 시설의 노인들이 점점 사고나 생각이 단순해지고, 사별로 인한 우울 감정이나 상실감이 정리가 되었고, 동질적인 집단에서 함께 생활함으로 상대적인 우울은 덜 느끼기 때문인 것 같다. 특히 본 연구에 표집된 양로원의 노인들은 물리적 시설이 매우 우수하고 복지후생이 잘 되고 있는 안정된 상태에서 생활하고 있어 행복감이나 만족감을 느끼고, 우울한 감정을 믿음으로 승화시켰기 때문에 우울감을 느끼지 않는 것으로 보여진다. 따라서 우울감은 양로 시설의 교육적 환경변인보다는 다른 복지후생적·심리적 환경과 더 관련이 있다고 볼 수 있다.

이렇게 볼 때 교육적 환경이 우수한 노인들이 그렇지 않은 양로 시설의 노인들에 비해 치매증상이 덜 나타나고 무력감을 덜 느끼는 등 정신건강적 안정감이 더 높다고 볼 수 있다.

결론적으로 교육적 욕구를 잘 충족시키며 생활하는 노인들은 그렇지 않은 노인들에 비해서 심리사회적으로, 정신건강적으로 안정되어 있어서 자아기능 통합기능 통합이 잘 이루어지고 있다고 볼 수 있다. 즉 자아기능 통합이 잘 이루어지는 우수집단의 노인들은 노후 생활에 있어서도 큰 어려움이 없이 적응을 잘 하고, 안정된 생활을 영위할 수 있을 것이다. 따라서 노년기의 교육적 환경변인은 자아기능 통합에 영향을 줌으로 노년기 교육은 매우 중요하다고 볼 수 있다.

2. 노인의 인지·정의적 특성

노인들의 인지·정의적 특성을 살펴보기 위해 실시한 료샤 검사의 결과를 보면 대체로 교육적 환경변인이 우수한 노인들이 인지적 특성이 우수한 것으로 나타났다. 교육적 환경변인이 우수한 노인들이 그렇지 않은 노인들에 비해 R과 CR이 유의하게 높아 Rorschach(1951)와 Exner(1974)의 연구와 일치한다. 이는 우수집단의 노인들이 지적인 능력이 우수하고 상상력이 많아 인지적이고 생산적임을 알 수 있다. 반면에 보통집단 노인들은 지적인 능력이 적거나, 개별적으로는 능력은 있으나 생산적으로 활용하지 못함을 시사한다고 볼 수 있다.

F반응이 주의집중력의 좋은 지표라고 한 Klopfer(1962)의 연구, FC반응이 CF반응보다 인지적 과정이 더 지배적이라는 Exner(1974)의 결과와 일치하는 것으로 보아 우수집단의 노인들이 더 인지적이라고 볼 수 있다.

그러나 교육적 환경변인이 보통인 양로 시설의 노인들이 우수한 노인들에 비해 R과 CR이 적음에도 불구하고 M%가 높았다. 이는

M반응과 지능 간에 정적인 상관이 있다고 한 Ogdon과 Allee(1959)의 연구와는 일치하지 않아 지능보다는 정서적 안정과 더 관계가 있는 것으로 보여진다.

M반응은 정서적 상태와 정적 상관이 있어 M반응이 많을수록 행동이 안정되고 통제적이라고 한 Rorschach(1951)의 연구와 일치한다. 또 연구 대상이 달라 적절한 비교는 아니지만 정서적 안정감이 높은 집단에서 M반응이 많이 나왔다는 강봉규(1985)의 연구 결과와도 일치하는 경향이 있다.

특히 M반응이 지능보다는 정서적 안정과 관계가 있다는 것을 양로 시설 노인들의 면담 내용에서도 찾아볼 수 있다. 예를 들어 "이렇게 좋은 양로원에 와서 하나님께 감사드린다.", "힘들었던 인생을 보상받고 있는 것 같애.", "앞날에 대해 걱정이 없어. 지금 아주 편안해.", "어느 자식이 이렇게 잘 해줘. 사시사철 입을 것, 먹을 것 걱정 안 해.", "설사 병이 들어도 걱정 없어. 양로원에서 알아서 해 줘." 등으로 말하는 것으로 볼 때, 교육적 환경변인이 보통인 양로 시설의 노인들이 정서적으로 안정되어 있음을 시사한다. 이는 노인들의 정서적 안정감은 교육적 환경도 중요하지만 또 다른 환경도 중요함을 시사한다고 볼 수 있다.

Piotrowski(1957)와 Exner(1974)가 M반응이 대인행동 및 대인관계의 효율성과 관계가 있다고 한 연구와 비교해 볼 때, 보통집단의 노인들이 제한된 공간에서 같은 동년배들과 단체 생활을 하므로 대인관계에 몹시 신경을 쓰고 효율적으로 대처하고 있다고 보여진다.

P반응은 관습적 지각능력으로 반응수가 적어지면 현실과의 유대가 약해짐을 의미한다. 下仲 順子와 中里 克治(1989)는 치매가 진전됨에 따라 P반응이 적어지고, 반대로 P반응이 적어지면 치매가 올 가능성이 있다고 시사하였다. 따라서 보통집단이 우수집단보다 치매의 가능성이 높고 인지적인 기능의 쇠퇴가 더 많이 일어난다고 볼 수 있다.

이와 관련하여 치매 증상이 설명되어질 수 있는 료샤 검사에 나타난 인지·정의적 특성 변인을 알아본 바, FC와 C'F로 나타났다. FC가 적응성의 가장 확실한 징표의 하나라고 밝힌 Klopfer와 Daridson의 연구(1962)나 FC반응의 인지적 과정의 우세를 말한 Exner(1974)의 연구와 더 관계가 있는 것으로 나타났다. 또 P는 자아기능 통합 총점과 하위 영역인 대인관계를 설명해 줄 수 있는 변인으로 나타났다. 이는 P가 적으면 협동심이 부족하거나 대인관계에 있어 적응력이 부족하다는 반응의 특성과 매우 관련이 있는 것으로 볼 때 후속적인 연구가 요구된다.

특히 우리나라의 노인, 아동, 대학생을 대상으로 심리적 노화척도를 알아본 결과, 노인은 R, W%, CR, ΣC, P가 적게 나타난다는 강봉규(1984)의 연구와는 매우 일치하는 경향이 있다. 우수집단의 노인들이 보통집단의 노인들보다 W%에서는 차이가 없지만 R, CR, ΣC, P가 더 많이 나타났다. 이는 우수집단의 노인들이 보통집단의 노인들에 비해 심리적 노화현상이 덜 나타난다고 볼 수 있는 것이다.

결론적으로 교육적 욕구를 잘 충족시키며 생활하는 노인들은 그렇지 않은 노인들에 비해서 지적 활동이 우수하고 생산적이며, 관심과 흥미의 폭이 넓고, 현실적인 유대가 잘 이루어지고 있어 협동적이고 사회성이 좋으며, 정서나 환경에 적절하게 적응한다고 볼 수 있다. 다시 말해 노년기의 교육적 환경은 노인들의 인지·정의적 특성에 영향을 주므로 노년기 교육은 중요하다고 볼 수 있다.

결론적으로 노년기의 교육적 욕구의 충족은 노인들로 하여금 지적 능력을 계속 유지하게 하고 생산적으로 활용하도록 한다. 또 사람들과의 관계를 지속시키고 사물에 대한 관심을 갖게 하여 자신의 가치를 발견하여 의미 있는 생활을 하도록 이끌어 줄 것이다. 즉 노인들로 하여금 자아기능 통합이 잘 이루어지도록 하고, 인지적, 정의적으로 안정감을 유지하여 긍적적이고 보람 있는 노후를 보낼 수 있도록 도와 줄 것이다. 따라서 노년기의 교육적 환경조성은 매우 중요하고 또 필요한 것이다.

V. 요약 및 결론

A. 요 약

본 연구의 목적은 노년기의 교육적 환경변인에 따른 노인의 자아기능 통합과 인지·정의적 특성에 대해서 알아보는 것이다. 교육적 환경변인이 우수한 일반 가정에 거주하는 노인들과 교육적 환경변인이 보통인 양로 시설에 거주하는 노인들과의 비교를 통해서 노인들의 자아기능 통합과 인지·정의적 특성의 차이점을 알아보는 것이다. 이와 같은 연구 목적을 위한 연구 문제는 다음과 같다.

연구 문제1: 노년기의 교육적 환경변인에 따라 자아기능 통합 및 그 하위 영역에는 차이가 있는가?

연구 문제2: 노년기의 교육적 환경변인에 따라 인지·정의적 특성에 차이가 있는가?

연구 문제3: 노인의 자아기능 통합 및 그 하위 영역은 료샤 검사에 나타난 인지·정의적 특성과 어떤 관계가 있는가?

위와 같은 문제를 규명하기 위해 다음과 같은 절차와 방법으로 연구를 수행하였다.

첫째, 노인의 심리에 관한 문헌조사와 노인들의 면접 내용을 토

대로 예비검사 문항을 만들었다. 예비검사를 통해 총점을 기준으로 상·하위 집단의 t검증을 하고, 각 예비문항과 총점과의 상관관계에 의한 상관범위를 가지고 문항 선정을 한 후, 집단 간의 비교가 곤란한 문항을 제거하였다. 검사도구의 타당도와 신뢰도 검증을 위해 요인분석을 실시하고 Cronbach α계수를 구하여 본 검사도구를 만들었다.

둘째, 우수집단의 노인 22명과 보통집단의 노인 19명을 대상으로 예비검사를 통해 개발된 자아기능 통합 측정도구와 료샤 검사를 실시하여 두 집단 간의 자아기능 통합과 인지·정의적 특성의 차이를 검증하였다.

위와 같은 방법으로 얻어진 연구의 결과는 다음과 같다.

연구 문제1의 결과: 교육적 환경변인에 따른 우수집단의 노인들이 보통집단의 노인들보다 자아기능 통합에 유의한 차이가 있어 자아기능 통합 정도가 높은 것으로 나타났다. 그러나 하위 영역별로는 부분적으로 차이가 있었다. 자아통합감, 치매증, 무력감, 대인관계, 상속성에 있어서는 유의한 차이를 보이고 있으나, 활동성과 우울감에서는 유의한 차이를 보이지 않았다.

연구 문제2의 결과: 교육적 환경변인에 따른 우수집단의 노인들과 보통집단의 노인들과 인지·정의적 특성에 유의한 차이가 있는 것으로 나타났다. 료샤 검사에서 우수집단이 보통집단보다 R, ΣC, P, CR에서 유의한 차이가 있는 것으로 보아 교육적 환경이 좋은 노인들이 인지적 기능이 우수하고 환경, 사고나 정서에 적절히 대처하는 것으로 나타났다. 그러나 보통집단이 우수집단에 비해 M%가 많게 나타나 양로원의 노인이 대인관계에 효율적으로 대처하며 정서적으로 안정되어 있는 것으로 보여진다. 이것은 아마도 표집된 양로원의 물리적·심리적 제반 환경이 우수한 때문인 것 같다.

연구 문제3의 결과: 노인의 자아기능 통합 및 그 하위 영역은 료샤 검사에 나타난 인지·정의적 특성에 의해 설명되어질 수 있다. 검증을 위해 28개의 료샤 검사에 나타난 인지·정의적 특성 변인이 독립변수로 투입되고, 자아기능 통합 및 그 하위 영역이 종속변수로 투입되었다. 자아기능 통합을 료샤 검사에 나타난 인지·정의적 특성 변인 P, FT, Y, FC가 49.4%를, 하위 영역의 자아통합감을 C가 12.7%, 치매증을 FC, C'F가 22.6%, 무력감을 R이 22.6%, 우울감을 FM이 11%, 대인관계를 P, FT가 24.8%, 활동성을 F, FT, W, FC, VF, Dd가 59.7%, 상속성을 R, C'F가 32.7% 정도로 설명하였다.

B. 결 론

연구 결과와 논의를 종합해 결론을 제시하면 다음과 같다.

첫째, 노년기의 교육적 환경은 노인들의 자아기능 통합에 중요한 영향을 미치는 것으로 나타났다. 우수한 교육적 환경의 조성은 노인들의 다양한 욕구를 만족시켜주고, 노인들은 이러한 욕구 충족을 통해 행복감, 만족감이나 성취감을 느끼며, 다양한 교육적 환경과의 상호작용을 통해 심리사회적 안정감과 정신건강적 안정감을 갖는다.

둘째, 노년기의 교육적 환경은 노인들의 인지·정서적 특성에 영향을 주는 것으로 나타났다. 교육적 환경에 많이 노출된 노인들은 그렇지 않은 노인들에 비해서 주의집중을 잘 하고 사고의 폭이 넓고 다양하며 지적 활동이 생산적이다. 또 욕구를 해결하기 위해 현실적으로 반응하고, 환경에 민감하며, 자신들의 사고나 정서에 적절하게 대처한다.

셋째, 자아기능의 통합 및 그 하위 영역이 료샤 검사에 나타난 인지·정의적 특성에 의해 설명되어질 수 있다. 자아기능 통합은 P, FT, Y, FC가, 자아통합감은 C, 치매증상은 FC와 C'F가, 우울감은 FM이, 대인관계는 P와 FT가, 활동성은 F, FT, W, CF, VF 그리고 Dd가, 상속성은 R과 C'F의 회귀계수가 유의미하게 나타났다. 따라서 자아기능 통합 및 그 하위 영역을 료샤 검사에 나타난 인지·정의적 특성들로 설명력이 미미하든지 높든지 간에 예측할 수 있다는 것이다.

넷째, 노인교육 현장에서의 활용가치가 크도록 타당성 있고 신뢰할 수 있는 자아기능 통합 측정도구를 제시하였다. 측정도구를 이용해 노인들의 통합 점수나 하위 영역 점수를 비교해 노인들의 분반활동이나 특별활동의 선택에 활용할 수 있고, 노인교육 프로그램의 개발이나 투입에 효과를 가져 올 수 있다.

다섯째, 노인에 대한 료샤 검사 반응의 기초 자료를 제공하였다. 정상 성인, 대학생, 아동들에 대한 연구가 활발히 이루어지고 있고 규준도 제시되고 있는 데 비해서 노인 연구가 미흡한 실정이지만 매우 고무적인 현상이다.

여섯째, 노인들이 성공적이고 긍정적인 노후를 경험할 수 있도록 교육적인 환경을 제공하는 일이 매우 중요하다. 노인교육은 평생교육의 일환으로써 지속적으로 이루어져야 한다. 또 가정, 지역사회, 정부차원의 협조적인 교육환경이 제공되어, 바람직하고 수준이 높은 제3세대의 교육으로 확대 발전되어야 한다. 또 교육의 기회가 누구에게나 제공되어야 한다. 노인교육의 질적 향상을 위한 교육내용을 다양화시키고, 프로그램도 개발해야 하며, 교육방법도 개선해야 하겠다.

일곱째, 사회복지차원에서의 양로원 같은 시설의 확충도 필요하지만 양로원 내의 교육적 환경을 제공하는 것도 중요하다. 양로시설 내에 노인학교나 취미교실을 개설하여 노인들로 하여금 자발적으로 참여하도록 유도하고, 그로 인해 교육적 욕구를 만족시길 수 있도록 환경을 개선해야 한다. 그래서 성공감과 희열을 맛보게 하고, 나아가 자아기능 통합이나 정서적, 심리적 안정을 꾀할 수 있도록 해야 한다.

C. 제 언

본 연구의 결과에서 밝혀진 사실과 도출된 결론을 보다 명확하게 하기 위해서 앞으로 후속되어야 할 연구 과제는 다음과 같다.

첫째, 자아기능 통합 측정 도구를 개발한 바, 추후연구를 통해 표준화 작업이 이루어질 필요가 있다.

둘째, 료샤 검사 반응 변인을 통하여 자아기능의 통합 정도를 확실히 설명하기 위해 우리나라 전체 노인을 대표할 수 있는 표집과 정확한 검사의 실시가 계속적으로 실시되어야 하겠다.

셋째, 본 연구는 료샤 검사의 다양한 해석에도 불구하고 반응 영역, 반응 내용, 반응 결정인, 평범 반응 등을 이용한 통계적 처리 위주로 분석하여 포괄적인 접근을 하지 못한 한계점을 가지고 있어 후속적인 연구가 과제로 남아있다.

참고 문헌

Ⅰ. 국내 문헌

〈A. 단행본〉

강봉규(1995). 심리학요론. 서울: 정훈출판사.

_____(1996). 통계학. 서울: 형설출판사.

김도수(1994). 평생교육. 서울: 양서원.

김동기 외 11인(1994). 심리학 개론 서울: 양서원.

김상규(1976). 노인 복지의 체계적 연구. 경북: 경북대학교 출판부.

김태현(1997). 노년학. 서울: 교문사.

김시업 역(1995). 생활적응을 위한 심리학. 서울: 문음사.

김정휘 역(1992). 노인심리학. 서울: 성원사.

김종서 외 2인(1998). 최근 교육학 개론. 서울: 교육과학사.

김충기(1981). 생애교육. 서울: 세광공사.

_____(1995). 평생교육의 이론과 실제. 서울: 교육과학사

노인복지법(1990), 대한민국 현행 법령집 . 제38(Ⅱ)권. 서울: 법
    제처.

동아일보사(1998). 동아년감 98년 호.

박영숙(1994). 심리평가의 실제. 서울: 하나의학사.

변창진 외 4인(1996). 교육평가. 서울: 학지사.

생활보호법(1989), 대한민국 현행법령집 제38(Ⅰ)권, 서울: 법제처.

손정락 역(1996). 성격심리학. 서울: 교육과학사.

손준규(1992). 사회복지개론. 서울: 대학출판사.

손창달(1977). 노인과 가정. 서울: 한국 노인문제 연구소.

송인섭(1997). 통계학의 이해. 서울: 학지사.

서병숙(1995). 노인연구. 서울: 교문사.

서봉연, 유안진(1982). 인간발달. 서울: 서울대학교 출판부.

숙명여자대학교 건강 생활과학연구소(1997). 현대 노년학.
서울: 숙명여자대학교 출판부.

아산사회복지사업재단(1985). 노인복지편람. 아산사회복지재단.

윤경남 외 8인(1994). 노년학을 배웁시다. 서울: 홍성사.

윤진(1997). 성인·노인 심리학. 서울: 중앙적성출판사.

이상로 외 2인(1986). Rorschach 성격진단법. 서울: 중앙적성출판사.

이성진(1997). 교육심리학서설. 서울: 교육과학사.

이옥형 외 2인(1997). 교육심리학. 서울: 집문당.

이윤로, 박종한(1996). 치매의 원인과 치료. 서울: 학문사.

이형행(1998). 교육학 개론. 서울: 양서원.

임인재(1990). 심리측정의 원리. 서울: 교육과학신서.

전용신 역(1983). 로르샤하 종합체계. 서울: 중앙적성출판사.

정옥분 역(1994). 인간 발달 Ⅱ. 서울: 교육과학사.

정종진, 이상우 공역(1991). 인간 성격의 이해. 서울: 중앙적성출판사.

최순남(1984). 현대 사회와 노인 복지. 서울: 홍익제.

최신덕, 김모란 공역(1998). 노년 사회학. 서울: 하나의학사.

통계청(1997). 1997 한국의 사회지표. 서울: 통계청.

한국 노인복지 시설협회(1994). 한국 노인복지 40년사.

한국 보건사회연구원(1995). 노인생활 실태분석 및 정책과제. 연구보고서 95-22.

⟨B. 학위논문⟩

강봉규(1983). Rorschach Test의 진단 기능에 관한 다변량 분석적 연구. 연세대학교 대학원 박사학위 논문.

강주령(1990). 노년기 적응에 관한 연구 - 가족관계를 중심으로. 숙명여자대학교 대학원 석사학위 논문.

곽영수(1993). 노화의 적응에 관한 심리 사회적 연구. 고려대학교 경영정보대학원 석사학위 논문.

권희수(1996). 노인 복지시설 거주 노인의 사회적 접촉과 우울성향에 관한 연구. 중앙대학교 사회개발대학원 석사학위 논문.

김경은(1995). 노인의 무력감의 현상연구. 이화여자대학교 대학원 박사학위 논문.

김동남(1983). 평생교육의 관점에서 본 노인교육에 관한 연구. 건국대학교 교육대학원 석사학위 논문.

김수연(1987). 도시노인의 생활만족도 관련변인에 관한 연구. 숙명여자대학교 대학원 석사학위 논문.

김승혜(1992). 가정노인과 시설노인의 인식기능 및 우울 증상에 관한 비교 연구. 고려대학교 대학원 박사학위 논문.

김인영(1992). 입원한 노인환자의 가족지지, 자아존중감, 무력감과의 관계. 연세대학교 교육대학원 석사학위 논문.

김인혜(1995). 노인의 고독감에 대한 현상학적 접근. 경희대학교 대학원 박사학위 논문.

김종숙(1987). 한국노인의 생활만족도에 관한 연구. 이화여자대학교 대학원 박사학위 논문.

김진희(1994). 노인과 성인의 우울특성. 고려대학교 대학원 석사학위 논문.

김효경(1995). 청소년기 부모-자녀관계 및 노부모-성인자녀 간 결속도에 따른 노인의 생활만족도. 숙명여자대학교 대학원 석사학위 논문.

김현진(1992). 노인 성격 적응과 생활 만족에 관한 연구. 효성여자대학교 대학원 석사학위 논문.

문영소(1997). 한국가족의 상속 의식에 관한 연구. 중앙대학교 대
학원 박사학위 논문.

박경민(1994). 자기효능감과 사회적 지지에 따른 노년기 우울에
관한 연구. 이화여자대학교 대학원 석사학위 논문.

박성준(1993). 한국 노인학교에 관한 실태 조사연구. 홍익대학교
교육대학원 석사학위 논문.

박지원(1985). 사회적 지지척도 개발을 위한 일 연구. 연세대학교
대학원 박사학위 논문.

박현숙(1994). 집단인지요법이 노인의 우울, 자아존중감, 고독감에
미치는 효과. 경북대학교 대학원 박사학위 논문.

백근영(1994). 은퇴한 남자 노인의 성격 적응 특성에 따른 노후
적응도. 성신여자대학교 대학원 석사학위 논문.

서병숙(1988). 노후적응에 관한 연구. 동국대학교 대학원. 박사학
위 논문.

서병진(1997). 노인의 생활만족도 연구. 동국대학교 행정대학원 석
사학위 논문.

서효석(1992). 양료원 노인과 재가 노인의 불안과 우울에 관한 비
교조사. 영남대학교 대학원 석사학위 논문.

이민희(1995). 정신분열증 환자의 Rorschach Test 반응 특성. 충북
대학교 대학원 석사학위 논문.

이선미(1986). 로샤 예후 평정척도와 KWIS 사이의 관계. 고려대
학교 대학원 석사학위 논문.

이영은(1990). 노인의 성격 유형과 생활 적응에 관한 연구. 이화여
자대학교 대학원 석사학위 논문.

이윤정(1994). 노부모의 성인자녀와의 갈등과 우울에 관한 연구.
전남대학교 대학원 석사학위 논문.

이정선(1995). 노인의 심리사회적 변인이 성격 특성에 미치는 영
향. 경상대학교 교육대학원 석사학위 논문.

이화정(1998). 인식전환 학습 이론에 근거한 은빛 노인 대학의 사
례연구. 중앙대학교 대학원 박사학위 논문.

장부년(1995). 노인 복지와 노인 인력 활용방안에 관한 연구. 인하
대학교 행정대학원 석사학위 논문.

정승은(1998). 노인의 무력감 측정도구 개발에 관한 연
구. 이화여자대학교 대학원 박사학위 논문.

정용희(1989). 주거형태 및 가족 관념과 노년기의 생활만
족도에 대한 연구. 고려대학교 교육대학원 석사학
위 논문.

조무용(1995). 노인환자의 무력감과 사회적 지지에 관한 연구. 이
화여자대학교 대학원 석사학위 논문.

주경덕(1996). 우울감의 정도와 자아개념 및 자아기능의 관계. 고
려대학교 대학원 석사학위 논문.

최순남(1984). 가족구조의 변화에 따른 노인 문제 발생과 그 대책

에 관한 연구. 숭전대학교 대학원 석사학위 논문.

최승미(1997). Rorschach검사에 기초한 대상표상 평가. 고려대학교 대학원 석사학위 논문.

최은선(1992). 노인환자가 지각한 가족지지, 고독감과 건강상태의 관계 연구. 경희대학교 대학원 석사학위 논문.

한정란(1994). 노인교육 교육과정 개발 실천연구. 연세대학교 대학원 박사학위 논문.

허춘강(1997). 한국 노인교육 프로그램 평가에 관한 연구. 광운대학교 대학원 박사학위 논문.

현두일(1978). 한국 노인의 생활 구조에 관한 사회학적 연구. 건국대학교 대학원 석사학위 논문.

황근정(1995). 성인후기의 재적응 과제에 관한 연구. 연세대학교 대학원 석사학위 논문.

〈C. 기타 자료〉

강봉규(1979). Sociometric Test 결과와 Rorschach 반응과의 관계. 교육학 연구, 17(2), 53-64

_____(1984). Rorschach Test에 의한 심리적 노화 척도의 작성. 가톨릭대학교 인문논총, 9, 17-25.

_____(1985). Rorschach Test의 M반응 연구. 가톨릭대학교 인문논총, 10, 17-25.

_____(1987). 정서불안정아의 Rorschach 반응. 가톨릭대학교 문리
논총, 12, 31-48.

_____(1988). 중학생의 지능 수준과 Rorschach 반응과의 관계. 가
톨릭대학교 문리논총, 13, 17-25.

_____(1991). 학급에서 인기아와 고립아의 Rorschach 반응의 비
교. 가톨릭대학교 문리논총, 15, 23-39.

김상윤, 유영금(1993). 한국 정상 아동의 Rorschach 반응의 요인분
석. 고신대학교 아동연구, 2, 78-84.

김재환, 원호택(1987). Bellak의 모형에 따른 자아기능의 연구. 한
양대학교 정신건강연구, 5, 108-198.

김재환 외 2인(1987). 자아기능 척도 제작에 관한 연구. 한양대학
교 정신건강 연구, 5, 199-211.

김조자, 임종락, 박지원(1992). 노인의 무력감 완화를 위한 심리재
활에 관한 연구, 간호학회지, 22(40, 506-525.).

김중술, 염무광(1967). 한국 정상인의 Rorschach 반응. 임상심리학
보, 1, 26-29.

민병배, 김중술(1993). Rorschach 에 나타난 대상 표상, 내용 범위
그리고 형태질 간의 관계. 서울대학교 정신의학, 18(1),
26-35.

박병탁, 이종범, 이중훈, 정성덕(1990). 양로원 재원노인의 우울에
관한 연구. 영남대학교 의대학술지, 7(2), 79-87.

박상연(1989). 무력감에 대한 간호학적 연구 동향. 대한간호, 28(4),

19-23.

송대현, 윤가현(1989). 노년기의 고독감 Ⅰ, 한국 노인이 느끼는 고독의 특성. 한국 노년학, 9, 64-78.

신경진, 원호택(1991). Exner 종합체계에 따른 한국 정상인의 Rorschach 반응 특성. 한국 임상심리학회지, 10(1), 206-216.

원호택, 신경진(1991). 대학생의 Rorschach 반응 특성. 서울대학교 학생연구, 26(1), 19-27.

윤가현, 송대현(1989). 노년기의 고독감: Ⅱ. 자녀와의 관계에서 파생된 고독감의 척도 개발. 한국 심리학회지, 2(1), 106-113.

이남표, 강봉규(1988). 정서불안정아 판별도구로서의 Rorschach Test의 기능. 서울대학교 심리학의 연구문제, 231-246.

이정연(1988). 노인들의 자아통합과 아노미에 관한 연구. 한국 가정관리 학회지, 6(2), 119-129.

정영(1994). 회고요법이 노인의 죽음불안, 자아통합과 생활만족에 미치는 효과. 가톨릭대학교 논문집, 47(2), 1009-1025.

조선일보. 1998, 9, 3일자.

조명옥(1989). 환자의 무력감에 대한 간호사정 및 진단. 대한 간호, 28(4), 24-28.

조용래, 김중술(1993). 정신분열병, 경계선 인격장애 및 우울증 환자의 자아 기능의 장애정도 비교. 서울대학교 정신의학, 18(1), 36-49.

최영희, 김경은(1996). 병원에 입원한 노인의 무력감 현상 연구, 간호학회지, 26(1), 223-247.

최정아, 서병숙(1992). 도시노인의 사회적 지원망에 관한 연구. 한국노년학, 12(1), 54-64.

황미혜(1993). 노인들이 지각한 가족지지와 자아통합감에 관한 연구. 안동전문대학교 논문집, 15, 243-280.

Ⅱ. 국외문헌

高橋雅春, 空井健三 & 小川俊樹 監譯(1996). 『現代 로샤 검사 体系 (上)』. 東京: 金剛出版.

高橋雅春, 空井健三 & 小川俊樹 監譯(1997). 『現代 로샤 검사 体系 (下)』東京: 金剛出版.

로샤 검사 研究 編集 委員會(1994). 『로샤 研究 제36호』. 東京: 金子書房.

로샤 검사 研究 編集 委員會(1996). 『로샤 研究 제38호』. 東京: 金子書房.

下仲 順子(1997). 『老年心理學』東京: 培風館.

下仲 順子, 河合千惠子, 矢富直美(1975). "로샤 테스트에 따른 精神的 老化 사인의 研究", 『로샤 研究 ⅩⅦ』. 東京: 金子書房. 131-141.

下仲 順子, 中里 克治(1989). "老人의 Popular 反応", 『로샤 研究

31호』. 東京: 金子書房. 7-21.

黑田 健次, 日比裕泰, 大島晴子 譯(1993). 『高齡者의 心理 臨床學』. 나가니쉬야 出版.

Allport, G. W. (1961). Pattern and growth in personality. New York: Holt, Rinehart and Winston.

Ames, L. B., Learned, J., Metraux, R. W., & Walker, R. N.(1973). Rorschach responses in old age. New York: Paul B. Hoeber, Inc.

Ames, L. B.(1974). Calibration of aging 1. *Journal of Personality Assessment*, 38(6), 507-529.

Atchley, R. C.(1988). Social forces and aging: An introduction to social gerontology. Belmont, CA: Wardsworth Publishing Company.

Atwood, H. M., & Ellis, J.(1971). The Concept of need: An analysis for adult education. *Adult Leadership*, 19.

Bellak, L., Hurvich, N., & Gediman, H. K.(1973). Ego functions in schizophrenices, nenrotics, and normals: A systematic study of conceptual diagnostic, and therapeutic aspects. New York: John Wiley & Sons.

Birren, J. E.(1976). Reach on the psychology if aging principles and experimentation. Handbook of the psychology of aging. New York: Van Nostrand Reinhold.

Birren, J. E., & Schaie, K. W.(1990). Handbook of the psychology of aging(3ed). San Diego: Academic Press, Inc.

Coldwell, B. M.(1954). The use of the Rorschach in personality research with the aged. *Journal of Gerontology*, 9, 316-323.

Cook, E. A.(1991). The effects of reminiscence on psychological measures of ego integrity in elderly nursing home resident. *Archives Psychial Nursing*, 5(5), 292-298.

Davidson, H. H., & Kruglov, L.(1952). Personality characteristics of the institutionalized aged. *Journal of Consulting Psychology*, 16, 5-12.

Doerken, H., & Karl, V. A.(1951). Psychological investigation of senile dementia, *Geriatrics*, 6, 151-163.

Domitrovic, L. A.(1994). Information processing rate and Rorschach indices of cognitive function in nursing home residents. MA. Dissertation. Michigan State University.

Erikson, E. H.(1963). Childhood and society. New York: W. W. Norton & Company, Inc.

Erikson. J. M.(1997). The life cycle completed. New York: W. W. Norton & Company, Inc.

Erstad, D. H.(1996). An investigation of older adults' less frequent human movement and responses on the Rorschach. Ph. D.

Dissertation. Marquette University.

Exner, J. E.(1969). The Rorschach: Comprehensive system. New York: Grune & Stratton.

Exner, J. E.(1974). The Rorschach: Comprehensive system. Vol. I. New York: John Wiley & Sons.

Exner, J. E.(1978). The Rorschach: Comprehensive system. Vol. II. Recent research and advanced interpretation. New York: John Wiley & Sons.

Exner, J. E., & Weiner, I. B.(1995). The Rorschach: Comprehensive system Vol. III.: Assessment of children and adolescents. (2nd). New York: John Wiley & Sons.

Gallo, J. J., Authony, J. C., & Muthen, B. O.(1994). Age differance in the symptoms of depression: A laten trait analysis. *Journal of Gerontology*, 49, 251-264.

Gentili, P., Giesto, M., & Lazzari, R.(1985). Some aspects of interpersonal relationships in the efficient aged. *Archivio di Psicologia*, 46(3-4), 594-606.(Journal Abstracts)

Grossman, C., Warshawsky, F., & Hertz, M.(1951). Rorschach studies on personality characteristics of a group of institu-tionalized old people. *Journal of Gerontology*, 6(3), 97.

Hartmann, H.(1958). Ego psychology and the problem of adaptation. New York: International Universities Press.

Havighurst, R. J.(1962). Developmental tasks and education. New York: David McKay Co.

Hess, B. B., & Warling, T. M.(1978). Changing pattern of aging and family bonds in later life. Arlene Skohich & Skolnick Family in transition.

Holden, U. P., & Sinebruchow, A.(1978). Reality orientating therapy: A study investigating the value of this therapy in the rehabilitation of elderly people. *Age Ageing*, 7, 83-90.

Holzberg, J. D.(1977). Reliability re-examined in Ricker-Ovsiankina: Rorschach psychology. New York: Robert E, Krieger Publishing Com.

Husaini, B. A., et al.(1991). Social density, stressors and depression: Gender differences among the black elderly. *Journal of Gerontology*, 46(5), 236-242.

Kalish, R. A.(1975). Late adulthood: Perspective in human development. Berkley, Calif.: Cole Publishing Company.

Kausler, D. H.(1990). Motivation, human aging and cognitive performance. San Diego: Academic Press.

Kettel, M. E.(1976). Perceptual and behavioral correlates of organicity in old age. *Journal of Geriatric Psychiatry*, 9, 85-87.

Klopfer, W. G.(1946). Personality patterns of old age. *Rorschach Research Exchange*, 10, 145-166.

Klopfer, B., & Davidson, H. H.(1962). The Rorschach technique: An Introductory. New York: Harcourt, Brace & World. Inc.

Klopfer, B., Meyer, M., Brawer, F. B., & Klofer, W. G.(1970). Developments in the Rorschach 3: Aspects of personality structure. New York: Harcourt Brace Jovacovich.

Klopfer, W. G.(1974). The Rorschach and old age. *Journal of Personality Assessment*, 38, 420-422.

Kuntz, M. I.(1990). Social interaction and psychological wellbeing comparison across stages of adulthood. *International Journal of Aging and Human Development*, 30(1), 15-36.

Light, B. H., & Amick, J. H.(1956). Rorschach responses of normal of aged. *Journal of Projective Techniques*, 20, 185-195.

Martinson, O. B.(1982). Religion and community oriented attitudes. *Journal of Social Scientific religion*, 21, 48-58.

Mattlar, C. E., Knuts, L. R., & Virtance, E.(1984). Personality structure in a group of old persons measured by the Rorschach test. *Nordisk Psykologi*, 36(2), 91-98.(Journal Abstracts)

Mattlar, C. E., Knuts, L. R., & Virtance, E.(1985). Personality structure on the Rorschach for a group of healthy 71-year-old females and males. *British Journal of Projective Psychology*, 30(1), 3-8.

Mattlar, C. E., Carlsson, A., Forsander, C., Karppi, S. L., & Helenius, H.(1992). Rorschach and old age: Personality characteristics for a group of physically fit 80-year-old men, *British Journal of Projective Psychology*, 37(2), 41-51.

Mattlar, C. E., Carlsson, A., & Forsander, C.(1993). The issue of the popular response. *British Journal of Projective Psychology*, 38(1), 53-62.

Mayne, B. L.(1994). Mood, cognition and drive in female nursing home residents. Ph. D. Dissertation. Michigan State University.

McClusky, H. Y.(1974). Education for aging: The scope of the field and perspectives for the future. In Grabowski, S. M., & Mason, W. D. (Eds.). Learning for aging. Washington, D. C.: Adult Education Assocation.

Medley, M. L.(1976). Satisfaction with life among person sixty-five and older. *Journal of Gerontology*, 31, 450.

Miller, J. F.(1983). Coping with chronic illness: Overcoming powerlessness, 2nd ed. Philadelphia: F. A. Davis

Company.

Mohong, S. H., & Keith, P. M.(1992). The status of the aged in Korea: Are the modern more advantages? *Gerontology*, 32(2), 197-202.

Mol, J.(1993). Posttraumatic depression: A clinical and psychometric study of 50 cases. *Analise Psicologica*, 11(1), 135-146. (Journal Abstracts)

Neugarten, B. L.(1968). Middle age and aging. Chicago: University of Chicago Press.

Neugarten, B. L., Havighust, R. J., & Tobin, S. S.(1968). Personality and pattern of aging. In B. L. Neugarten(Ed.), Middle age and aging (173-177). Chicago: University of Chicago Press.

Newbern, V. B.(1992). The value of reminiscence as a research tool. *Journal of Gerontological Nursing*, 18(5), 13-18.

Ogdon, D. P.(1982). Psychodiagnostics and personality assessment: A handbook(2nd). California: Western Psychological Services.

Ogdon, D. P., & Allee, R.(1959). Rorschach relationships with intelligence among familial mental defectives. *American Journal of Mental Deficiency*, 63, 899-896.

Orme, J. E.(1955). Intellectual and Rorschach test performances of a group of senile dementia patients and a group of eld erly depressive. *Journal of Mental Science*, 101, 863-870.

Perry, W., Potterat, E., Auslander, L., & Kaplan, E.(1996). A n europsychol ogical approach to the Rorschach in patients With dementia of the Alzheimer type. *Journal of Personal ity Assessment*, 3(3), 351-363.

Piotrowski, Z.(1957). Perceptanalysis. New York: McMillan.

Poitrendaud. J., & Moreaux, C.(1975). Responses donnees au tes t de Rorschach par un group de sujets ages. *Revue de Ps ychologie Appliquee*, 25, 113-120.(Journal Abstracts)

Prados, M., & Fried, E.(1947). Personality structure of the older age groups. *Journal of Clinical Psychology*, 3, 113-120.

Quinn, W. H.(1983). Personal and family adjustment in later life. *Journal of Marriage and the Family*, 45(1), 57-73.

Rapaport, D.(1960). The structure of psychoanalytic theory: A s ystematizing attempt. New York: International Universitie s Press.

Raymond, J.(1994). Encyclopedia of Psychology. 2nd ed. Vol. 3. New York: John Wiley & Sons.

Reichlin, R. E.(1984). Current perspectives on Rorschach perform ance among older adults. *Journal of Personality Assessme nt*, 48(1), 71-81.

Rorschach, H.(1942/1981). Psycho-diagnostics. New York: Grune

& Stratton.

Roy, C.(1976). Introduction to nursing: An adaption model. Englewood Cliffs: Prentice-Hall.

Schiffman, S. S., & Covery, E.(1984). Changes in taste and smell with age: Nutritional aspects. New York: Raven Press.

Singer, M.(1963). Personality measurements in the aged. Washington, D. C.: National Institute of Mental Health.

Shaw, R.(1986). Powerlessness in a nursing home population. A Mclane. ed. Classification of Nursing Diagnosis.

Shimonaka, Y., & Nakazato, K.(1991). Aging and terminal chan ges in Rorschach responses among the Japanese elderly. *J ournal of Personality Assessment*, 57(1), 10-18.

Terry, F. P.(1991). Rorschach Technique: The encyclopedic dicti onary of psychology 4th Edition, Guilford Connecticut: T he Dushkin Publishing Group, Inc.

The original Rorschach home page: Rorschach inkblot test. http: //www.students.boila.e/~markm/rorschach.htm.

Tinsley, E. A.(1985). A system of classifying leisure activities in terms of the psychological benefits of participation reporte d by older person. *Journal of Gerontology*, 40(2), 172-178.

Turner, F. J.(1968). Differential diagnosis and treatment in social work. London: McMillan.

부 록

〈부록 1〉 자아기능 통합 측정에 사용된 문항과 통계치

1. 나는 내 인생이 성공적이라고 느낀다.[1]	12.395(.456-.523)
2. 나는 주위로부터 행복한 사람이라는 소리를 자주 듣는다.	15.090(.542-.567)
3. 나는 정신적, 육체적으로 건강한 편이다.***	16.399(.548-.577)
4. 나는 다른 사람이 인정해 줄 때 만족감을 느낀다	9.055(.301-.423)
5. 나는 내 인생에 대해 기대했던 것만큼 성취했다고 생각한다.	11.758(.378-.476)
6. 나는 지금 젊었을 때만큼 행복하다.	15.705(.484-.606)
7. 나는 헌신적으로 열심히 일하기를 좋아한다.	15.023(.517-.568)
8. 나는 모든 일에 자신감이 있다.	17.548(.582-.618)
9. 나는 새로운 것에 대한 호기심이 많다.	9.637(.325-.449)
※ 10. 나는 경제적 능력이 없어 슬프다.	8.316(.314-.423)
※ 11. 나는 지금이 내 인생에서 가장 쓸쓸한 때라고 생각한다.	13.391(.500-.521)
※ 12. 나는 자주 우울하다.	13.412(.431-.573)
※ 13. 나는 어려움에 부딪히면 화가 나고 좌절을 느낀다.	10.178(.316-.525)
※ 14. 나는 앞으로 불행이 올 것 같아서 걱정하고 있다.	12.348(.399-.533)
※ 15. 나는 전화번호나 사람 이름을 잘 기억하지 못한다.	9.096(.287-.424)
※ 16. 나는 다른 사람에게 같은 질문을 반복한다.	13.859(.498-.516)
※ 17. 나는 TV에 나오는 이야기를 따라가기가 힘들다.	13.200(.405-.526)
※ 18. 나는 자주 보는 친구나 친척을 바로 알아보지 못한다.#	12.029(.461-.496)
19. 나는 자식을 잘 기워서 보람을 느낀다.#	12.399(.404-.515)

---

1) 앞의 숫자는 상하위 집단의 t검증 수치이고, ( ) 안의 숫자는 5개 집단의 각 문항과 총점과의 상관관계에 의한 상관범위이다.
   *는 t검증에 의한 1차 제거문항, **는 상관범위에 의한 2차 제거문항, ***은 1차 신뢰도에 의한 제거문항, #는 집단비교의 곤란으로 인한 제거문항, ※는 부정문항이다.

20. 나는 작은 일에도 항상 감사함을 느낀다. 9.928(.342-.390)

21. 나는 나이가 들었지만 집안에서 가치가 있는 존재이다.# 16.648(.562-.637)

22. 나는 이제까지 내가 살아온 인생에 대해 만족한다. 14.632(.478-.530)

23. 나는 지금 행복한 것이 내가 노력한 때문이라고 생각한다. 10.031(.351-.465)

24. 나는 정부에서 하는 일에 관심이 많다. 11.075(.403-.493)

25. 나는 매우 건강하고 활동적이다. 19.144(.596-.665)

26. 나는 아직도 하고 싶거나 배우고 싶은 것들이 많다. 11.006(.365-.459)

27. 나는 요즈음도 일을 하거나 집안일을 돕고 있다.*** 9.733(.314-.437)

※ 28. 나는 찾아오는 사람이 별로 없어 쓸쓸하다. 16.182(.465-.601)

※ 29. 나는 자녀와 함께 사는 것이 불편하다.** 6.302(.172-.393)

※ 30. 나는 쓸모없는 존재라고 생각한다. 13.430(.479-.606)

※ 31. 나는 무기력하다.(나는 하고 싶은 것이 없다.) 16.923(.544-.647)

※ 32. 나는 내 인생은 실패의 연속이라고 생각한다. 12.641(.429-.502)

※ 33. 나는 무엇을 다시 시작하기에는 너무 늦은 것 같다.*** 7.210(.221-.396)

※ 34. 나는 며칠 전 들었던 얘기를 잊어버린다. 11.424(.418-.453)

※ 35. 나는 갈수록 말수가 줄어드는 경향이 있다. 12.303(.400-.455)

※ 36. 나는 이미 한 일을 잊어버리고 다시 한다. 14.005(.420-.532)

※ 37. 나는 물건을 항상 두는 장소를 잊어버리고 엉뚱한 곳에서 찾는다. 13.507(.417-.537)

※ 38. 나는 다른 사람에게 의지하는 편이다. 10.710(.342-.523)

※ 39. 나는 혼자 무엇을 한다는 것이 두렵다. 15.316(.493-.615)

※ 40. 나는 내가 지금 죽는다면 매우 슬픈 일이다.* 1.497(-.029-.043)

※ 41. 나는 내 주위의 친한 사람이 죽는다는 것을 인정하기 싫다.* 2.438(.075-.095)

42. 나는 내 물건에 대한 애착이 매우 강하다.* 1.005(-.029-.113)

43. 나는 나의 특별한 기술이나 재능을 물려주고 싶다.** 5.490(.144-.295)

44. 나는 내 일생에 대한 기록을 남기고 싶다. 7.572(.311-.363)

45. 나는 사람들을 쉽게 사귄다. 9.120(.359-.374)

46. 나는 자녀들과 이야기하는 시간이 많다.*** 9.823(.371-.436)

47. 나는 주변에서 이야기가 통하는 사람이 많다. 10.244(.364-.433)

※ 48. 나는 오래 사는 것이 죄처럼 느껴진다.*** 9.740(.398-.455)

※ 49. 나는 혼자 할 수 있는 것이 아무 것도 없다.   10.975(.347-.540)

50. 나는 사람들을 만나기를 좋아한다.   7.764(.251-.383)

51. 나는 죽음을 평온하고 담담하게 맞이할 수 있다.**   4.683(.193-.249)

※ 52. 나는 죽음에 대한 공포를 느낀다.***   6.991(.234-.361)

53.나는 더 오래 살고 싶다.***   5.734(.246-.326)

54. 나는 나의 흔적을 남기고 싶다.   7.054(.282-.338)

55. 나는 나의 소중한 물건을 후손에게 물려주고 싶다.   8.126(.267-.375)

56. 나는 약속을 잘 지킨다.***   10.197(.368-.419)

※ 57. 나는 다른 사람들과 항상 거리감을 느낀다.   9.356(.239-.489)

58. 나는 모든 사람에게 공손하고 정중하다.***   8.539(.260-.407)

※ 59. 나는 혼자 있는 것이 싫고 두렵다.**   6.211(.198-.284)

〈부록 2〉 예비검사의 요인분석과 신뢰도 결과(52문항)

문항	요인1	요인2	요인3	요인4	요인5	요인6	요인7	요인8	공유치	신뢰도
문 1	.769	0.0692	0.0349	.162	0.0477	-0.0362	0.0204	-0.0796	.632	
문 5	.766	0.0234	0.0578	.107	0.0504	-.125	0.0757	-.128	.654	
문22	.744	-0.0315	0.0587	.167	0.0661	0.0287	0.0921	.170	.637	
문19	.693	0.0726	-0.0179	0.0525	0.0286	.148	0.0942	.101	.544	
문 6	.653	0.0573	0.0587	.225	.213	0.0389	0.0399	-0.0952	.549	.8877
문 2	.644	.132	0.0294	.250	.123	0.0721	.164	-0.0259	.571	
문23	.627	-0.0757	.102	-0.0199	.122	.229	0.0935	.188	.544	
문20	.584	-0.0847	0.0100	-0.0307	0.0363	.361	0.0469	.169	.620	
문21	.580	0.0734	.258	0.0209	.177	.410	0.0809	.127	.631.	
문 4	.507	0.0635	0.0534	-.113	.145	.311	.189	-0.0725	.437	
문15	0.0702	.766	-0.0198	.149	-0.0831	-.104	-0.0391	.123	.655	
문17	.119	.725	.160	0.0759	0.0206	-0.0966	0.0142	.168	.621	
문34	-0.0419	.722	.251	0.0282	.127	-0.0823	0.0827	-.146	.654	
문16	.112	.715	.147	.243	-0.0506	0.0874	0.0121	.141	.640	.8570
문37	-0.0425	.639	.237	.197	.107	0.0444	0.0144	-.102	.548	
문36	-.104	.623	.293	.214	.116	.119	0.0268	-.179	.625	
문18	.175	.476	.376	0.0541	0.0702	0.0498	.194	0.0339	.540	
문35	-0.0699	.452	.370	.124	0.0760	-0.0434	0.0780	-.190	.552	
문49	-0.192	.149	.690	0.0695	.163	0.0289	-0.0208	-0.0532	.536	
문30	.201	.205	.662	0.0906	-0.0876	.146	0.0954	0.0646	.587	
문31	.110	.264	.597	.116	.202	0.0536	.115	0.0683	.519	
문39	-0.0702	.287	.545	.252	.255	-.184	0.0342	0.0661	.566	.7906
문38	-0.0736	.266	.521	.140	.222	-.138	-0.0536	.112	.454	
문32	.395	-0.0570	.486	.261	-.138	-0.0947	0.0950	0.0787	.507	
문28	.138	.223	.430	.343	0.0615	0.0783	0.0520	-0.0350	.415	
문12	.110	.182	.176	728	0.0952	0.0459	-0.0335	0.0154	.616	
문13	.133	.115	0.0591	.725	-0.0258	-0.0690	-0.0764	.109	.593	
문14	0.0985	.146	.170	.706	0.0620	0.0212	-0.0527	-0.0133	.578	.7861
문10	.255	0.0959	0.0461	.598	-0.0224	-0.0560	.101	-0.0488	.472	
문11	.107	.226	.232	.589	.156	-0.0697	-0.0411	-0.0331	.500	
문 9	0.0910	0.0657	0.0420	0.0604	.703	-.120	.185	.129	.586	
문 8	.272	.117	.161	.172	.682	0.0236	0.0768	0.0472	.638	
문26	0.0308	0.0483	.209	-0.0863	.636	.231	0.0496	.252	.579	.7866
문 7	.238	0.0166	.140	.131	.572	.311	0.0159	0.0438	.564	
문25	.338	.129	.126	.192	.459	0.0474	.128	.123	.593	
문24	0.0828	.192	0.0841	0.0671	.374	.176	-0.0896	.359	.480	
문56	.358	0.0817	-0.0495	0.0532	.122	.627	.116	0.0944	.570	
문58	.362	-0.0408	-0.0544	0.0132	0.0316	.552	.282	.149	.560	.2938
문27	0.0666	0.0158	.325	-.142	.445	.450	0.0548	0.0783	.554	
문33	.176	.227	.349	0.0754	0.0597	-.405	-.169	-0.0154	.444	
문45	.207	0.0289	-0.0291	-0.0999	.114	.159	.727	.107	.643	
문47	.293	0.0857	0.0845	-.112	.140	0.0900	.647	0.0315	.578	.6677
문50	.208	-0.0679	-0.0161	0.0208	.233	.374	.578	-0.0682	.601	
문57	-0.0935	0.0367	.297	.262	-.144	-0.0728	.536	0.0389	.588	
문44	0.0533	0.0587	0.0111	0.0179	.249	0.0258	0.0890	.742	.628	
문54	.110	-0.0329	0.0330	0.0310	.107	.114	0.0383	.735	.652	.6528
문55	.218	-0.0121	.102	-.113	.100	.300	.292	.379	.473	
문46	.142	0.0114	.122	0.0538	.106	-0.0173	.304	.248	.532	.4170
문 3	.388	.166	0.0603	.257	.351	-0.0302	0.0192	0.0123	.547	
문53	0.3022	0.0121	.159	.124	0.0857	0.0231	0.0701	.311	.539	.1080
문52	-0.0326	.104	.172	.291	0.0785	.188	0.0752	-0.0834	.546	
문48	0.0492	.209	.317	.233	0.0182	.125	-0.0254	-0.0408	.530	
Eigen value	5.799	4.121	3.630	3.385	3.030	2.239	2.167	2.037		
Variance explained	11.113	7.924	6.981	6.511	5.828	4.306	4.166	3.918	56.582	

〈부록 3〉 본 검사의 요인분석과 신뢰도(40문항)

요인명	문항	요인							공유치	α계수
		1	2	3	4	5	6	7		
자아통합감	문 4	.766	0.0202	0.0764	.131	0.0152	0.0283	-0.0942	.621	.8598
	문 1	.758	0.0677	0.0595	.189	0.0574	0.0417	0.0107	.622	
	문18	.736	-0.0149	-0.0415	.212	0.0977	0.0925	.135	.623	
	문 2	.663	.144	0.0544	.218	0.0990	.140	0.0530	.543	
	문 5	.655	0.0595	0.0823	.229	.245	0.0310	-0.0730	.553	
	문19	.651	-0.0650	0.0406	-0.0409	.139	.146	.210	.516	
	문17	.576	-0.0912	-0.0596	-0.0238	.146	.190	.120	.415	
	문 3	.567	0.0210	0.0617	-.183	.146	.264	-0.0127	.450	
치매증상	문14	0.0547	.781	-0.0248	.160	-0.0268	-0.0666	0.0978	.654	.8458
	문16	0.0782	.724	.150	.131	0.0571	0.0159	.119	.588	
	문27	-0.0437	.717	.319	0.0847	.122	0.0226	-.110	.645	
	문15	.124	.713	.153	.205	0.0585	0.0457	.138	.608	
	문30	-0.0387	.630	.294	.164	.153	0.0361	-.107	.548	
	문29	-0.0936	.602	.373	.171	.161	0.0694	-.156	.594	
무력감	문24	.249	.196	.692	0.0337	-0.0162	.103	.133	.609	.8082
	문36	-0.0132	.120	.682	0.0431	.154	-0.0137	-0.0313	.506	
	문25	.129	.246	.627	0.0778	.223	.102	0.0812	.542	
	문32	-0.0639	.260	.559	.296	.265	-0.0445	0.0297	.542	
	문31	-.110	.245	.522	.160	.223	-0.0767	0.0716	.430	
	문26	.382	-0.0294	.487	.306	-.120	0.0399	0.0777	.499	
	문23	.155	.209	.480	.310	0.0850	0.0659	0.0135	.406	
	문28	-0.0838	.438	.446	.156	.135	0.0893	-.197	.487	
우울감	문12	.108	.128	0.0617	.743	0.0211	-0.0669	0.0698	.593	.7861
	문11	.110	.189	.177	.707	.115	-0.0415	0.0536	.592	
	문13	0.0959	.139	.170	.698	0.0973	0.0100	-0.0451	.557	
	문10	0.0960	.226	.238	.587	.192	-0.0247	-0.0473	.501	
	문 9	.255	.104	0.0462	.567	-0.0647	0.0645	-0.0203	.408	
활동성	문 7	.249	.104	.158	.184	.713	0.0802	-0.0735	.646	.7866
	문 6	.264	0.0139	.143	0.0835	.657	.120	0.0464	.546	
	문22	0.0444	0.0373	.193	-.139	.654	0.0971	.243	.509	
	문8	0.0777	0.0483	0.0592	0.0254	.647	0.0724	0.0869	.444	
	문21	.286	.108	.160	.264	.524	.163	0.0898	.506	
	문20	0.0672	.177	0.0744	0.0466	.518	0.0121	.313	.410	
대인관계	문34	.191	0.0341	-0.0327	0.0259	.118	.773	.144	.672	.6677
	문37	.235	-0.0704	0.0261	-0.0712	.216	.662	0.0514	.554	
	문35	.272	0.0840	0.0666	-0.0673	.129	.659	0.0284	.542	
	문40	-0.0651	0.0780	.325	.349	-0.0902	.536	0.0140	.528	
상속성	문38	.103	-0.0279	0.0428	0.0469	.165	0.0347	.779	.650	.6528
	문33	0.0204	0.0588	-0.0140	0.0399	.268	0.0687	.758	.656	
	문39	.259	-0.0164	.133	-.191	0.0879	.306	.494	.467	
Eigenvalue		8.679	4.618	2.671	1.730	1.540	1.351	1.247		
Variance Explained		21.697	11.546	6.678	4.324	3.850	3.377	3.116	54.588%	

KMO(Kaiser-Meyor-Olkin Measure of Samoling Adequacy) 지수 .900

〈부록 4〉 지역별 설문지 배포 현황

지 역	배포 부수	회수 부수	회수율(%)
서울특별시	444	335	75.5
경북 안동*	20	13	65.0
충북 충주*	30	28	93.3
광주직할시	30	21	70.0
경북 의성*	30	15	50.0
강원 원주	50	46	92.0
경기 광명	30	24	80.0
경남 거제*	16	16	100.0
인천직할시	50	25	50.0
전남 광양	50	50	100.0
전북 전주*	50	50	100.0
충남 금산, 서산	50	48	96.0
경기 구리	40	23	57.5
대구직할시	50	49	98.0
경남 고성*	50	43	86.0
제주 제주시*	30	21	70.
대전직할시	50	13	26.
부산직할시	30	26	86.7
합 계	1100	846	76.9
연령 미달		10	
총 합계	1100	856	77.8

* 는 우편발송 지역임

<부록 5> 료샤 검사 반응의 평균과 표준편차

료샤 반응	전체집단	우수집단	보통집단
*2) R	19.29 (8.28)	23.64 (8.93)	14.26 (3.11)
* W	5.50 (3.27)	6.55 (4.07)	4.32 (1.29)
* D	11.32 (5.72)	13.91 (6.01)	8.32 (3.58)
* Dd	2.54 (2.31)	3.32 (2.73)	1.63 (1.27)
S	1.05 (1.20)	1.14 (1.36)	0.95 (1.03)
M	1.41 (1.14)	1.32 (1.09)	1.53 (1.22)
FM	4.63 (3.05)	5.36 (3.23)	3.79 (2.66)
m	0.98 (1.62)	1.09 (1.97)	0.84 (1.12)
* F	9.15 (4.98)	11.27 (5.16)	6.68 (3.48)
* FC	1.17 (1.38)	1.59 (1.65)	0.68 (0.75)
CF	1.00 (1.14)	1.14 (1.28)	0.84 (0.96)
C	0.05 (0.03)	0.00 (0.00)	0.05 (0.05)
* FC'	0.93 (1.33)	1.45 (1.57)	0.32 (0.58)
C'F	0.46 (0.78)	0.41 (0.67)	0.53 (0.90)
C'	0.04 (0.03)	0.00 (0.00)	0.11 (0.32)
FT	0.54 (0.81)	0.73 (0.94)	0.32 (0.58)
TF	0.05 (0.22)	0.00 (0.00)	0.11 (0.32)
T	0.02 (0.21)	0.00 (0.00)	0.05 (0.02)
FV	0.12 (0.40)	0.18 (0.50)	0.05 (0.23)
VF	0.15 (0.36)	0.18 (0.39)	0.11 (0.32)
V	0.02 (0.16)	0.05 (0.21)	0.00 (0.00)
FY	0.34 (0.85)	0.55 (1.10)	0.11 (0.32)
YF	0.34 (0.66)	0.45 (0.80)	0.21 (0.42)
Y	0.02 (0.15)	0.00 (0.00)	0.05 (0.23)
* P	4.37 (1.83)	5.41 (1.59)	3.16 (1.26)

2) *는 우수집단과 보통집단과의 t검증에서 유의한 차이가 있는 반응임

료샤 반응	전체집단	우수집단	보통집단
H	1.32 (1.23)	1.32 (1.25)	1.32 (1.25)
Hd	0.66 (1.17)	0.82 (1.47)	0.47 (0.70)
* A	11.27 (4.46)	13.32 (4.10)	8.89 (3.67)
* Ad	1.59 (1.60)	2.14 (1.93)	0.95 (0.71)
An	0.51 (1.29)	0.82 (1.68)	0.16 (0.37)
★3) Sx	0.29 (0.81)	0.55 (1.06)	0.00 (0.00)
W%	30.17 (14.59)	28.47 (14.88)	32.13 (14.38)
S%	5.55 (6.71)	4.19 (3.99)	7.14 (8.75)
F%	45.51 (17.03)	46.00 (16.55)	44.94 (18.01)
(FV+F+FT)%	50.53 (14.65)	52.21 (14.44)	48.59 (15.05)
* M%	8.26 (8.15)	5.13 (4.26)	11.88 (10.03)
H%	6.88 (7.87)	4.68 (3.98)	9.43 (10.31)
A%	67.58 (21.64)	68.03 (22.46)	67.06 (21.24)
Dd%	12.05 (7.07)	12.45 (7.40)	11.59 (8.39)
* ΣC	1.73 (1.46)	2.14 (1.70)	1.26 (0.96)
(VIII+IX+X/R)%	33.24 (6.58)	32.73 (5.43)	33.84 (7.81)
* 내용범위	6.37 (2.90)	7.27 (3.61)	5.32 (1.16)

---

3) ★는 t검증 불가 – 보통집단의 반응이 전혀 없음으로 Mann-Whitney Test로 해야 함.

〈부록 6〉 노인의 자아기능 통합도 측정도구에 관한 질문지

안녕하십니까?

본 연구를 위해 귀하의 귀중한 시간을 내 주신 데 대하여 감사를 드립니다. 이 설문지는 우리나라 노인들의 정서적 안정감을 알아보기 위해 만든 것으로써, 현재의 일상적인 생활에서 느끼시는 귀하의 생각과 느낌이나 상태를 솔직하고 정확하게 기입해주시면 됩니다.

또한 특정의 한 개인을 분석하기 위한 것이 아니라, 전반적인 상황이나 특징을 파악해 보고자 하는 것으로, 정답이 없는 내용들입니다.

순수하게 연구 목적을 위해서만 사용되며, 응답내용은 절대 비밀이 보장됩니다. 그리고 개인적인 사생활을 보호하기 위해 이름을 기입하지 않습니다. 부디 잘 읽어보시고 한 문항도 빠짐없이 성실하게 응답해 주시면 많은 도움이 되겠습니다.

항상 행복하시고 건강하시길 바랍니다.
감사합니다.

1998. 10

건국대학교 대학원
연구자　김 옥 희 드림

♠ 아래 문항은 할아버님, 할머님 자신과 주변 상황에 대한 일반적인 사항입니다. 잘 읽어 보시고 해당되는 답에 ○표 해 주시기 바랍니다. <u>한 문항도 빠뜨리지 마시고</u> 기입해 주시기 바랍니다.

1. 성별: ① 남 (   )   ② 여 (   )

2. 연령: ① 만 65세–69세 (   )   ② 만 70세–74세 (   )

   ③ 만 75세–79세 (   )   ④ 만 80세–84세 (   )

   ⑤ 만 85세 이상 (   )

3. 종교: ① 유 (   )   ② 무 (   )

4. 교육정도: ① 무학(   ) ② 한학, 서당(   ) ③ 초등졸(   )

   ④ 중졸(   ) ⑤ 고졸(   )   ⑥ 대졸 이상(   )

5. 현재 결혼 상태: ① 미혼(   )   ② 기혼(   )   ③ 별거(   )

   ④ 이혼(   )   ⑤ 사별(   )   ⑥ 기타(   )

6. 현재 직업: ① 유 (   )   ② 무 (   )

7. 요즈음 건강상태는 어떠십니까?

   ① 아주 건강하다.(   ) ② 건강하다.(   )   ③보통이다.(   )

   ④ 나쁜 편이다.(   )   ⑤ 아주 나쁜 편이다.(   )

8. 지금 누구와 함께 살고 계십니까?

   ① 혼자 살고 있다.(   )

   ② 부부만 살고 있다.(   )

   ③ 결혼한 자녀와 살고 있다.(   )

   ④ 미혼의 자녀와 살고 있다.(   )

9. 수입이나 용돈은 생활하시는 데 어느 정도나 됩니까?

   ① 매우 충분하다.(   )   ② 충분하다.(   )

   ③ 보통이다.(   )   ④ 모자란다.(   )

   ⑤ 매우 부족하다.(   )

10. 여가시간은 어떻게 보내십니까?

   ① 그냥 집에서 소일한다. (   )

   ② 근처의 노인정에 나간다. (   )

   ③ 노인학교 같은 단체나 기관에 다닌다. (   )

   ④ 사회봉사 활동을 한다. (   )

   ⑤ 취미 활동을 한다. (   )

11. 귀하의 노후 보장은 무엇에 의존하십니까?

   ① 소득이 있다. (   )   ② 연금을 탄다. (   )

   ③ 자녀에게 의지한다. (   )   ④ 동회에서 도와준다. (   )

   ⑤ 기타 (   )

♠ 아래 글들은 현재의 일상생활에 대한 태도나 생각, 감정에 대한 질문들입니다. 각각의 질문에 본인이 <u>평소에 느끼시고 생각하고 계신</u> 대로 솔직하게 답변해 주시기 바랍니다.

만약 글의 내용이 자신과 직접 상관이 없더라도 자신의 평소 생각이나 느낌에 가장 가까운 곳에 ○표 해 주시기 바랍니다.

번호	문항 내용	매우 그렇다	그런 편이다	보통 이다	그렇지 않다	매우 그렇지 않다
1	나는 내 인생이 성공적이라고 느낀다.					
2	나는 주위로부터 행복한 사람이라는 소리를 자주 듣는다.					
3	나는 다른 사람이 인정해 줄 때 만족감을 느낀다.					
4	나는 내 인생에 대해 기대했던 것만큼 성취했다고 생각한다.					
5	나는 지금 젊었을 때만큼 행복하다.					
6	나는 헌신적으로 열심히 일하기를 좋아한다.					
7	나는 모든 일에 자신감이 있다.					
8	나는 새로운 것에 대한 호기심이 많다.					
9	나는 경제적 능력이 없어 슬프다.					
10	나는 지금이 내 인생에서 가장 쓸쓸한 때라고 생각한다.					
11	나는 자주 우울하다.					
12	나는 어려움에 부딪히면 화가 나고 좌절을 느낀다.					
13	나는 앞으로 불행이 올 것 같아서 걱정하고 있다.					
14	나는 전화번호나 사람 이름을 잘 기억하지 못한다.					
15	나는 다른 사람에게 같은 질문을 반복한다.					
16	나는 TV에 나오는 이야기를 따라가기가 힘들다.					

번호	문항 내용	매우 그렇다	그런 편이다	보통 이다	그렇지 않다	매우 그렇지 않다
17	나는 작은 일에도 항상 감사함을 느낀다.					
18	나는 이제까지 내가 살아온 인생에 대해 만족한다.					
19	나는 지금 행복한 것이 내가 노력한 때문이라고 생각한다.					
20	나는 정부에서 하는 일에 관심이 많다.					
21	나는 매우 건강하고 활동적이다.					
22	나는 아직도 하고 싶거나 배우고 싶은 것들이 많다.					
23	나는 찾아오는 사람이 별로 없어 쓸쓸하다.					
24	나는 쓸모없는 존재라고 생각한다.					
25	나는 무기력하다.(나는 하고 싶은 것이 없다.)					
26	나는 내 인생이 실패의 연속이라고 생각한다.					
27	나는 며칠 전 들었던 얘기를 잊어버린다.					
28	나는 갈수록 말수가 줄어드는 경향이 있다.					
29	나는 이미 한 일을 잊어버리고 다시 한다.					
30	나는 물건을 항상 두는 장소를 잊어버리고 엉뚱한 곳에서 찾는다.					
31	나는 다른 사람에게 의지하는 편이다.					
32	나는 혼자 무엇을 한다는 것이 두렵다.					
33	나는 내 일생에 대한 기록을 남기고 싶다.					
34	나는 사람들을 쉽게 사귄다.					
35	나는 주변에서 이야기가 통하는 사람이 많다.					
36	나는 혼자 할 수 있는 것이 아무 것도 없다					
37	나는 사람들을 만나기를 좋아한다.					
38	나는 나의 흔적을 남기고 싶다.					
39	나는 나의 소중한(아끼는)물건을 후손에게 물려주고 싶다.					
40	나는 다른 사람들과 항상 거리감을 느낀다.					

〈부록 7-1〉 개인별 자아기능 통합 측정 기록자료 (남)

번호	집단	성별	환경	기간	연령	종교	교육	결혼	직업	건강	거주	용돈	여가	노후	총점	통합	치매	무력	우울	활동	대인	상속
1	일	1	11	0	72	1	5	2	2	2	2	3	1	5	135	30	17	29	16	21	13	9
2	일	1	11	0	79	1	4	2	2	3	2	4	2	3	133	29	22	22	17	19	16	8
3	일	1	12	0	67	1	5	2	1	1	2	2	2	1	161	34	26	35	19	28	11	8
4	일	1	10	0	76	2	3	2	2	3	2	3	2	5	134	31	14	28	19	19	14	9
5	일	1	10	0	79	1	5	2	2	3	3	3	5	3	153	30	17	33	23	21	17	12
6	일	1	9	0	77	2	1	2	2	4	3	2	2	3	118	29	14	21	17	18	13	6
7	일	1	9	0	70	1	5	2	2	3	3	3	5	2	116	20	18	24	19	15	10	10
8	시	1	4	120	75	1	3	5	2	3	5	3	1	5	131	27	23	23	17	19	14	8
9	시	1	4	7	79	1	3	5	2	1	5	4	1	5	112	19	20	20	18	20	8	7
10	시	1	5	9	74	1	3	5	2	2	5	2	1	5	120	20	20	25	17	23	9	6
11	사	1	6	9	67	1	5	4	2	3	5	4	4	5	136	24	23	30	16	21	14	8
12	시	1	5	18	67	1	5	2	2	3	5	4	1	5	137	23	24	28	19	21	15	7
13	시	1	4	24	72	1	3	5	2	3	5	4	1	5	95	22	12	17	12	16	10	6

번호	집단	성별	환경	기간	연령	종교	교육	결혼	직업	건강	거주	용돈	여가	노후	총점	통합	치매	무력	우울	활동	대인	상속
14	1	2	11	0	72	1	5	5	2	3	3	2	2	3	156	33	24	32	20	21	16	10
15	1	2	10	0	72	1	5	2	2	3	2	2	1	5	127	29	17	26	14	17	14	10
16	1	2	11	0	75	1	3	5	2	3	3	3	2	3	145	33	18	30	18	22	16	8
17	1	2	10	0	74	2	3	5	2	4	3	3	2	3	145	30	23	27	14	23	18	10
18	1	2	9	0	85	1	5	2	2	3	3	3	3	3	123	21	15	30	13	20	15	9
19	1	2	9	0	69	1	4	2	2	3	2	4	1	3	120	25	19	23	17	15	15	6
20	1	2	9	0	79	1	1	5	2	1	3	2	2	3	126	31	18	17	17	18	15	10
21	1	2	9	0	77	1	3	5	2	4	3	3	2	3	111	31	12	19	15	15	12	7
22	1	2	9	0	77	1	4	2	2	3	3	5	1	3	123	22	18	29	15	18	9	12
23	1	2	9	0	68	1	5	5	2	3	4	3	1	3	130	26	21	26	12	20	13	12
24	1	2	10	0	67	2	4	2	2	2	3	1		2	136	25	24	25	15	22	17	8
25	1	2	9	0	70	1	1	2	2	3	3	2	1	3	124	28	17	25	19	19	10	6
26	1	2	10	0	74	1	3	5	2	3	3	3	4	2	148	30	22	30	18	26	16	6
27	1	2	10	0	65	1	5	2	2	3	2	2	5	5	144	26	24	31	18	18	15	12
28	1	2	9	0	67	1	5	2	2	4	2	3	5	2	141	29	24	28	20	18	12	10
29	2	2	4	120	80	1	5	2	2	3	5	3	1	5	117	28	17	23	19	14	10	6
30	2	2	4	72	80	1	5	2	2	5	4	1		5	121	25	16	28	17	17	11	6
31	2	2	5	7	78	1	3	5	2	3	5	4	1	5	105	23	12	20	12	18	12	8
32	2	2	5	1	69	1	1	4	2	1	5	4	1	5	118	21	23	26	20	13	10	5
33	2	2	4	24	79	1	5	5	2	2	5	3	1	5	137	21	23	31	18	24	14	6
34	2	2	4	120	86	1	1	5	2	2	5	1	1	5	122	31	12	25	14	19	10	11
35	2	2	4	72	85	1	1	5	2	2	5	4	1	5	108	26	13	20	10	21	8	10
36	2	2	5	13	83	1	1	2	2	3	5	3	1	5	117	30	12	18	16	17	14	10
37	2	2	5	72	75	1	3	4	2	4	5	3	1	5	111	27	13	27	10	18	9	7
38	2	2	4	14	84	1	1	3	2	5	4	1		5	97	24	11	19	15	13	9	6
39	2	2	4	1	76	1	1	5	2	2	5	4	1	5	121	31	12	22	12	22	15	7
40	2	2	5	6	80	1	1	2	2	4	5	4	1	5	113	29	9	23	16	16	10	10
41	2	2	4	132	75	1	5	4	2	5	5	1	1	5	113	25	13	24	18	14	11	8

〈부록 8-1〉 묘사 검사 반응 개인 기록표

N	W	D	Dd	S	M	FM	m	F	FC	CF	C	FC'	C'F	C'	FT	TF	T	FV	VF	V	FY	Y/IF	Y	R	P	CR	ΣC	An	Sx
1	4	23	8	2	2	9	0	16	1	0	0	0	1	0	0	0	0	1	1	0	3	0	0	32	5	9	4	0	0
2	4	8	1	0	0	4	0	8	0	0	0	0	1	0	1	0	0	0	0	0	1	0	0	13	4	3	0	0	0
3	12	6	3	0	0	6	0	9	3	1	0	3	0	0	0	0	0	0	0	0	0	0	0	18	4	6	2.5	0	0
4	3	6	2	1	0	4	0	6	1	0	0	0	0	0	0	0	0	0	0	0	1	0	0	11	3	4	0.5	0	0
5	17	12	3	3	2	15	4	7	1	3	0	4	1	0	0	0	0	0	0	0	0	0	0	32	6	11	3.5	1	0
6	4	9	3	0	0	9	0	6	0	0	0	0	0	0	0	0	0	0	0	0	0	0	0	16	6	3	0	0	0
7	3	12	1	0	1	5	0	8	0	0	0	0	0	0	2	0	0	0	0	0	0	0	0	16	6	5	0	0	0
8	6	3	1	2	2	2	2	4	1	1	0	0	0	0	0	0	0	0	1	0	0	0	0	10	3	5	1	0	0
9	2	8	1	0	2	5	0	3	1	2	0	1	0	0	0	0	0	0	0	0	0	1	0	11	2	5	2.5	0	0
10	3	8	1	1	3	0	1	7	0	0	1	0	0	0	0	0	0	0	0	0	0	0	0	12	2	7	1.5	0	0
11	3	16	0	0	3	7	0	8	1	0	0	0	0	0	0	0	0	0	0	0	0	1	0	19	4	5	0.5	0	0
12	4	8	1	1	1	0	1	9	2	0	0	0	0	0	0	0	0	0	0	0	0	0	0	13	4	4	1	0	0
13	6	7	0	3	1	5	2	6	2	1	0	2	3	0	0	0	0	0	0	0	0	0	1	19	3	7	2	0	2
14	5	13	1	0	1	5	0	10	1	0	0	2	0	0	2	0	0	0	0	0	0	1	0	19	7	4	0.5	0	0
15	5	20	2	1	3	1	0	17	2	1	0	2	0	0	0	0	0	0	0	0	0	0	0	27	8	8	2	0	0
16	4	12	0	0	1	4	0	11	0	0	0	0	0	0	1	0	0	0	0	0	0	1	0	16	6	2	0	0	0
17	8	7	2	2	0	7	0	9	0	2	0	0	0	0	0	0	0	0	0	0	0	0	0	17	6	4	0	0	0
18	13	11	2	2	3	5	2	7	0	4	1	3	0	0	1	0	0	0	1	0	4	1	0	26	7	11	4	0	0
19	4	16	5	5	0	1	1	11	2	3	0	3	2	0	1	0	0	0	0	0	0	0	0	25	3	10	4	4	2
20	2	9	1	1	0	5	0	3	1	0	0	2	0	0	0	0	0	0	0	0	0	0	0	12	3	3	0.5	0	0

〈부록 8-2〉 묘사 검사 반응 개인 기록표

No	W	D	Dd	S	M	FM	m	F	FC	CF	C	FC'	C'F	C'	FT	TF	T	FV	VF	V	FY	YF	Y	R	P	CR	ΣC	An	Sx
21	4	13	3	0	2	9	1	6	1	1	0	0	0	0	1	0	0	0	0	0	0	0	0	20	4	7	1.5	0	0
22	13	23	6	3	2	8	2	18	5	1	0	4	1	0	3	0	0	2	0	0	2	2	0	42	8	11	3.5	4	0
23	3	19	9	2	3	2	0	20	2	1	0	1	0	0	0	0	0	0	0	0	0	0	0	31	4	9	3	2	2
24	4	21	4	0	2	3	1	20	2	0	0	0	0	0	0	0	0	0	0	0	0	0	0	29	5	9	1	0	0
25	10	14	2	2	2	4	4	15	1	3	0	3	1	0	2	0	0	0	1	0	1	1	0	26	6	6	3.5	0	0
26	8	18	9	4	2	2	8	18	4	3	0	4	2	0	2	0	0	0	1	1	0	3	0	35	7	13	3	6	4
27	7	26	6	4	2	6	0	15	6	1	0	0	0	0	2	0	0	1	0	0	0	0	0	39	7	15	6	1	1
28	7	8	3	1	2	6	0	8	2	0	0	0	0	0	0	0	0	0	0	0	0	0	0	18	4	7	2	0	1
29	3	12	4	2	0	6	0	13	0	0	0	0	0	0	0	1	0	0	0	0	0	0	0	19	2	6	0.5	1	0
30	3	7	2	0	0	7	4	4	2	2	0	0	2	1	0	0	1	1	1	0	0	0	0	12	2	5	2	0	0
31	7	1	2	3	1	3	1	1	2	2	0	1	0	0	1	0	0	0	0	0	0	0	0	10	1	5	3	0	0
32	4	5	3	1	4	2	2	2	1	1	0	1	1	1	1	0	0	0	0	0	0	1	0	12	4	6	1	1	0
33	5	13	2	2	0	7	0	9	0	1	0	0	0	0	0	0	0	0	0	0	0	0	0	20	3	6	0	0	0
34	3	9	4	1	2	4	0	10	0	1	0	0	0	0	0	0	0	0	0	0	0	0	0	16	3	3	1	0	0
35	5	12	1	0	1	4	1	14	0	1	0	0	0	0	0	0	0	0	0	0	0	1	0	18	5	6	1	0	0
36	5	7	2	0	1	5	2	5	1	0	0	0	1	0	1	0	0	0	0	0	0	0	0	12	3	5	0.5	0	0
37	5	7	2	0	0	3	0	7	0	3	0	1	2	0	0	1	0	0	0	0	0	0	0	14	5	3	3	0	0
38	5	7	0	0	1	3	0	4	1	0	0	0	1	0	0	0	0	0	0	0	0	0	0	14	3	5	0.5	0	0
39	4	11	2	0	3	1	0	9	1	0	0	1	0	0	2	0	0	0	0	0	0	0	0	15	6	6	0.5	0	0
40	4	11	2	1	1	6	0	7	1	0	0	0	0	0	2	0	0	0	0	0	0	0	0	17	3	7	0.5	1	0
41	5	6	3	0	3	5	0	5	2	2	0	0	0	0	1	0	0	0	0	0	0	0	0	14	2	5	2.5	0	0

· 저 자 ·

김 옥 희   ▮ 약 력
(金 玉 禧)
서울교육대학교 초등교육학과 졸업
한국방송통신대학교 초등교육학과 졸업
건국대학교 교육대학원 교육학 석사
건국대학교 대학원 교육학 박사

서울 대방, 난곡, 충무, 정목 교사 역임
건국대, 홍익대, 서강대, 한세대, 명지대 등 강사
육군 인성교육 강사
건국대 종합상담센터 상담원 역임
아하가족성장연구소 상담위원
한국상담심리학회 정회원
한국상담학회 정회원
한국가족치료학회 정회원
한국미술치료학회 정회원
한국진로교육학회 정회원
한국교육문화연구원 이사
국민대학교 교육대학원 겸임교수

▮ 주요논저
「문제사병의 성격유형탐색에 관한 연구」(공저)
「노인의 자아기능 통합 측정도구의 개발」(공저)
「진로집단상담이 고등학생의 진로성숙과 의사결정유형에 미치는 영향」
「진로만다라 과제학습이 대학생의 진로준비행동에 미치는 영향」
『인간관계론』(공저)
『교사리더십』(공저)
『참갖기 워크북』(공저)
외 다수

노인과 로샤 반응

• 초판 인쇄	2006년 9월 20일
• 초판 발행	2006년 9월 20일
• 지 은 이	김옥희
• 펴 낸 이	채종준
• 펴 낸 곳	한국학술정보㈜
	경기도 파주시 교하읍 문발리 526-2
	파주출판문화정보산업단지
	전화 031) 908-3181(대표) · 팩스 031) 908-3189
	홈페이지 http://www.kstudy.com
	e-mail(e-Book사업부) ebook@kstudy.com
• 등 록	제일산-115호(2000. 6. 19)
• 가 격	8,000원

ISBN   89-534-5668-1 93180 (Paper Book)
        89-534-5669-X 98180 (e-Book)